Reiten

D1874440

Theodor Eckholt

Reiten

Grundlagen und Tips für den Pferdefreund

FALKEN

Zum gleichen Thema sind bei FALKEN erschienen:
Handbuch Pferde (Nr. 4186)
und außerdem die Videokassette
»Reiten« (Nr. 6097, Spieldauer ca. 60 Min.,
in Farbe, mit Begleitbroschüre)

Die neue FALKEN Ratgeberreihe für Reiter unter der Herausgeberschaft
von Olympia- und Weltcup-Sieger Ludger Beerbaum:
Gangpferde (Nr. 4616),
Fit im Sattel (Nr. 1556),
Reiten im Gelände (Nr. 4792).
Die Reihe wird fortgesetzt.

ISBN 3 8068 2322 7

© 1992/1995 by Falken-Verlag GmbH, 65527 Niedernhausen/Ts.

Die Verwertung der Texte und Bilder, auch auszugsweise, ist ohne Zustimmung des Verlags urheberrechtswidrig und strafbar. Dies gilt auch für Vervielfältigungen, Übersetzungen, Mikroverfilmung und für die Verarbeitung mit elektronischen Systemen.

Titelbild: Rainer Binder/BAVARIA Bildagentur, Gauting
Fotos: Archiv für Kunst und Geschichte, Berlin: S. 11, 12 (Gemälde: Philoxenos – Neapel, Museo Nazionale), 14; Falken-Archiv/Greiner: S. 19, 29, 31, 33, 37, 38, 42–44, 47–51, 53, 79, 80 re; Historia Photo, Hamburg: S. 13 (Gemälde: Vernet – Musée Versaille); Michael Mögle, Stuttgart: S. 40, 62, 80 li, 92; Michael Mögle/EMS, Stuttgart: S. 21, 27; REINHARD-TIERFOTO, Hans Reinhard, Heiligkreuzsteinach-Eiterbach: S. 2, 6, 17, 22, 24, 34, 59, 61, 71, 76, 88, 90; reitpress, Warendorf: S. 8, 10, 16, 25, 63, 65, 66; /Werner Ernst: S. 75; /Sangmeister: S. 73, 78; /ASFO: S. 72; SILVESTRIS FOTOSERVICE GmbH, Kastl: S. 82; /HOA-QUI: S. 86; /Siegfried Kerscher: S. 85; /Robert Maier: S. 89 u.; /Fritz Prenzel: S. 84; XENIEL-DIA, Michael Mögle, Stuttgart: S. 15, 57; /Mainbild, H. & D. Briel: S. 46, 87; /Mainbild, Ernst Müller: S. 55; /Mainbild, Schindler: S. 69.
Zeichnungen: Falken-Archiv/Greiner: S. 42
Nachauflagenredaktion: Monika Zilliken

Die Ratschläge in diesem Buch sind von dem Autor und vom Verlag sorgfältig erwogen und geprüft, dennoch kann eine Garantie nicht übernommen werden. Eine Haftung des Autors bzw. des Verlags und seiner Beauftragten für Personen-, Sach- und Vermögensschäden ist ausgeschlossen.

Satz: Raasch Printmedien Agentur, Neu-Isenburg
Druck: Freiburger Graphische Betriebe, Freiburg

817 2635 4453

Inhaltsverzeichnis

Vorwort des Verfassers

Unberührt und unbeeindruckt bleibt kaum jemand, der sich mit dem Sport mit Pferden auseinandersetzt, und so ist das Reiten für den einen ein Zauberwort, für den anderen ein Begriff zum Zaudern. Daß das Pferd rechts und links abschüssig sei und dem Menschen nach dem Leben trachte, gehört zu jenen liebevolllausigen Sprüchen, wie sie sich nahezu um jede Sportart ansammeln. Reiter scheren da nicht aus der Reihe.

Dieses Buch soll eine kleine Hilfe für all jene sein, die gerne einen möglichst direkten und gangbaren Weg zu den Pferden und zu den Grunderfahrungen des Reitens finden möchten. Denn die Kernfrage, welche Fitneß dieser Sport tagtäglich Hunderttausenden zu vermitteln vermag, kann weder durch die Größen der Turnierszene, die wir am Bildschirm erleben, noch durch die Westernhelden des Films ausreichend beantwortet werden. Übersicht zu vermitteln und Tips zu geben stehen im Wettbewerb mit der Absicht des Verfassers, den Neuankömmlingen im Reiterlager einige Hemmnisse aus dem Weg zu räumen und Dinge, die schwer verständlich oder aber auch übertrieben erscheinen, auf ihre einfachen Formen zurückzuführen.

Reiten und Fahren, noch in der ersten Hälfte unseres Jahrhunderts alltägliche Erfahrung für viele Millionen in unserem Land – es gab in Deutschland schon einmal 3,5 Millionen Pferde – ist heute ein Reservat des Sports und der Freizeitgestaltung. Aus einst Selbstverständlichem wurde zwangsläufig das Besondere, für viele beinahe schon Exotische. Ein rasanter Entwicklungsprozeß hinterläßt Spuren, und für so manche Mitbürger heute, vor allem die jüngeren, bedeutet die wachsende Entfernung von den Pferden auch gleichzeitig die Entfremdung.

Dieses Buch soll dazu beitragen, den selbstverständlichen Umgang und das Erlebnis mit Pferden wieder näher in unser Bewußtsein zu rücken.

Einleitung

Wie handhabe ich dieses Buch?

Reiten gehört zu den Sportarten, die dem Unkundigen in mancherlei Hinsicht Kopfzerbrechen bereiten können. Das liegt im wesentlichen an der schwer überschaubaren Vielfalt dessen, was man darüber hört und sieht, jedoch nicht so ohne weiteres einzuordnen vermag.

Bevor man überhaupt zu der ernsthaften Überlegung vorzustoßen wagt, ob man sich nicht selbst einmal den Pferden und dem, was Reiten heißt, nähern sollte, fühlt man sich schon fast vom Fachchinesich der Pferdeleute erschlagen; oder aber auch von jenem Hörensagen über Pferde und ihr Verhalten, über Ausrüstung und Kosten, rauhbeinige Reitlehrer und sonstige Gefahren, über Zeitaufwand und Muskelkater. Kurzum, die Lage scheint nicht überschaubar: und wenn man dann auch noch per Television die Stars im schwarzen oder roten Rock in ihrem »Element« betrachtet, ist man vollends konsterniert und sinnt verschreckt darüber nach, wie lange es wohl dauern würde, bis man sich selbst im Sattel halten könnte. (Es tröstet in solchen Augenblicken wohl nur, daß echte Reiter ihren Trunk mit der Linken zu sich

»Das Glück der Erde liegt auf dem Rücken der Pferde« – nach einem erlebnisreichen Ritt durchs Grüne glauben nicht nur eingefleischte Pferdenarren daran

nähmen. Und ganz versonnen greift man zum Glas... und siehe da, man trinkt ebenfalls mit links...).
Da dieses Buch helfen soll, mit solchem Vorabballast aufzuräumen, ist es darauf angelegt, Informationen zu vermitteln, Übersicht zu geben und Gedankengänge anzuregen, die eine Annäherung an den Reitsport erleichtern.
Die folgenden Kapitel können und sollen keine Reitlehre sein, mit deren und eines Nachbarn Pferdes Hilfe man seine ersten reiterlichen Erfahrungen heimlich hinter einer Hecke sammelt. Es sollen vielmehr Auskünfte darüber vermittelt werden, welcher direkte Weg zum Reiten führt und was man vorher wissen sollte, um eine solche Entscheidung zu treffen.
Nennen wir dieses schriftliche Unterfangen der Einfachheit halber »Notizbuch für Anfänger«. Damit wird klar, daß diese Lektüre nicht den Sinn hat, wie ein Roman verschlungen zu werden, sondern den Leser anregen soll, Punkt für Punkt seine eigenen Wunschvorstellungen und Möglichkeiten abzutasten.
Wer vieles von dem, was ihn in diesem wunderbaren Sport erwartet, vorher weiß, hat seinen eigenen Weg zum Pferd schon wesentlich verkürzt.
Es läßt sich bei der Beschreibung jener Welt, in deren Mittelpunkt das Pferd steht, nicht immer jener laxe Ton verwenden, der diese Einführung bestimmt. Es läßt sich auch nicht alles, was in diesem Sport mühsam ist, in schwärmerische Worte pressen. Daher: Obwohl das »Glück der Erde auf dem Rücken der Pferde liegt«, haben die Götter vor dieses Glück den Schweiß gesetzt.

Reiten – kein Sport wie jeder andere

Die Überschrift dieses Kapitels soll alles andere als Arroganz ausdrücken – dies zur Beruhigung des Lesers vorweg. Sie soll vielmehr die Aufmerksamkeit auf einige Umstände lenken, die es erforderlich machen, den Reitsport aus einem anderen Blickwinkel als gewöhnlich zu bestimmen.
Soweit es die Entwicklung eigener Fitneß durch Training betrifft, unterscheidet sich der Reiter nicht von anderen Sportlern. Gleich ihnen kennt er die Strapazen, die Höhen und Tiefen in Training und Wettkampf; gleich ihnen hat er die Sorgfaltspflicht in bezug auf die Ausrüstung und die sonstigen Erfordernisse bei der Sportausübung. Doch ganz oben auf seiner sportlichen Wertskala steht zunächst das Pferd.
Die Verantwortung für dieses vom Menschen absolut abhängige, großartige Geschöpf wiegt schwerer als der eigene sportliche Nutzen für den Reiter. Und eben dies unterscheidet diesen Sport von anderen Sportarten.
Abgesehen davon, daß das Pferd ebenso der Ausbildung und des Trainings bedarf wie sein Reiter, obliegt diesem zusätzlich die Sorge um das Wohlergehen seines Sportpartners sowie seine Haltung und Pflege.
Die Reiterei, die sich erst zum Beginn unseres Jahrhunderts auch als Sport konstituierte, erfüllt eine Aufgabe, die in ihrer Bedeutung kaum zu überschätzen ist. Der heute in unserem Land noch vorhan-

Das Pferd als »Arbeiter« in der Landwirtschaft hat mittlerweile Seltenheitswert und kann als solches nicht mehr allzuoft beobachtet werden

dene Bestand an hochklassigen Pferden muß allein durch den Sport erhalten werden, weil die Vierbeiner ihre Rolle in der Land- und Verkehrswirtschaft spätestens seit den 60er Jahren ausgespielt haben.

Dadurch ist dieser Sport gleichzeitig aktiver Tierschutz und trägt zur Erhaltung des in der neuen Bundesrepublik ca. 500 000 Pferde zählenden Bestandes bei. Durch ihn werden Nutzung und Pflege von mindestens einer halben Million Hektar Getreide- und Weideland sichergestellt.

Bezogen auf die Zahl der Aktiven ist der Sport mit Pferden der stärkste unter den sportlichen Wirtschaftsfaktoren in unserem Staat. Die ihm zuzuordnenden industriellen, handwerklichen und landwirtschaftlichen Leistungen sichern über 100 000 Arbeitsplätze und bewirken jährlich über 4 Milliarden DM Umsatz.

Trotz der dominierenden Rolle des Sports bei der Erhaltung des Pferdes mehren sich sogar bei den Reitern in den letzten Jahren die Anzeichen einer gefährlichen Entfremdung. Bezeichnend für diese Entwicklung sind solche unsinnigen Definitionen wie das »Pferd als Sportgerät« oder das »Pferd als Kulturgut«, die auch von prominenten Mitbürgern in gedankenloser Verkennung dieses Geschöpfes und seiner geschichtlichen Rolle benutzt werden. Ausdrücke, bei denen sich den Pferdeleuten die Haare sträuben.

Von der jahrtausendealten Verbindung zwischen Mensch und Pferd zeugt diese Höhlenmalerei aus der jungen Altsteinzeit in Frankreich (Dordogne)

Schon die Götter liebten Pferde

Von welch prägender Kraft und ausschlaggebender Bedeutung die Beschäftigung des Menschen mit dem Pferd seit seiner Frühzeit und über viele Jahrtausende hinweg gewesen sein muß, läßt sich schon an steinzeitlichen Höhlenzeichnungen erahnen. Es dürfte keinem Zweifel unterliegen, daß die bildliche Aussage jenes frühgeschichtlichen Vorfahren, der in der Höhle von Lascaux an der Dordogne rund 20 000 Jahre v. Chr. das Pferd in den Mittelpunkt rückt, vor allem einen Hinweis auf die enge Bezogenheit von Mensch und Pferd enthält.

Vielfach sind die Zeugnisse aus den Jahrtausenden, und immer ist die Qualität dieses vitalen Zusammenhangs, der sich bis in unsere Zeit erhalten hat, spürbar. Es darf heute als gesichert angesehen werden, daß schon die Menschen der Frühzeit noch vor der Domestikation des Pferdes in ihm mehr als nur das jagdbare Tier gesehen haben müssen. Sie bezogen es in ihre sich allmählich formenden kultischen Rituale ein und wiesen ihm den Rang eines höher gearteten Wesens zu.

Im frühen 3. Jahrtausend v. Chr. – um diese Zeit sind die ersten systematischen Pferdezuchten im südosteuropäischen Raum nachweisbar – hat der Mensch das Pferd vollends in den Mittelpunkt seiner Entdecker- und Entwicklungslust gestellt.

18 Jahre lang war »Buccephalos« der treue Kampfgefährte Alexanders des Großen (Ausschnitt aus dem römischen Mosaik »Die Alexanderschlacht«, 333 v. Chr.)

Mit den Streitwagenkulturen, die in Wellen 1000 Jahre (etwa um 2 000 v. Chr.) später einen ersten großen weltgeschichtlichen Umbruch bezeichnen und das antike Griechenland ebenso wie Syrien und Ägypten, Kleinasien und Indien erfassen, ist die Rolle des Pferdes als wesentlicher Partner des Menschen bereits bis in unser Jahrhundert fixiert.

Die Rosse der Streitwagen- und Reitervölker bestimmen die Geschwindigkeit, mit der sich die verschiedenen Kulturen überlagern, ablösen oder verdrängen.

Nicht erst der vielzitierte Xenophon (400 v. Chr.) ist es, dessen Schriften wichtige Informationen über das Pferd zu entnehmen sind: Fast ein Jahrtausend vorher schon trainieren die Hethiter bereits ihre Wagenpferde nach sorgfältig aufgezeichneten und genauen Anweisungen. Die List der antiken Helden vor den Toren Trojas, mit Hilfe eines monumentalen Holzpferdes den Fall der uneinnehmbar erscheinenden Stadt zu bewirken, ist wohl bis heute eine der eindrucksvollsten Zusammenfassungen all jener Elemente, die die enge Bezogenheit des Menschen auf dieses Tier in der Geschichte gekennzeichnet haben.

Die ältesten Informationen über das Pferd als Reittier stammen aus der Zeit um etwa 2 800 v. Chr. Gemessen an einem Entwicklungszeitraum von 60 Millionen Jahren ist dies zwar ein verschwindend kleiner Zeitabschnitt, wir können ihn aber mit unseren Möglichkeiten einigermaßen verläßlich überblicken. Allerdings sind diese 5 000 Jahre bis heute in bezug auf die Partnerschaft zwischen Mensch und Pferd eine Kette oftmals

dramatischer Impulse, denkwürdiger Meilensteine unserer Kultur und überreicher künstlerischer Entfaltung.
Handwerkliche Fertigkeiten und Künste erhielten ihre Ausprägung durch den unmittelbaren Umgang des Menschen mit dem Pferd. Jagd und Spiel gruppierten sich um diesen Mittelpunkt, und immer wieder waren es Auge und Geist, die aus der Beobachtung dieses Wesens zu neuen Schöpfungen angeregt wurden.
Die fast magische Ausstrahlung, die das harmonische Zusammenwirken von Reitern oder Wagenlenkern mit ihren Rossen bewirkte, nutzten die Führer und Feldherren aller Epochen aus. Der legendäre Hengst Buccephalos Alexanders des Großen (4. Jh. v. Chr.), lebte beispielsweise in den Reiterbildern der Römer ebenso immer wieder auf wie in den Herrscherdarstellungen der folgenden Jahrhunderte.
Sogar einem ganzen Zeitalter prägte das abendländische Reiter-Rittertum Geist und Namen auf, wobei dieser Abschnitt der Geschichte schon längst auch der ist, in dem das Pferd bei fast allen Völkern der damaligen Welt vor allem auch die Beweglichkeit des kulturellen Austausches untereinander bestimmte.
Ob Religionsstifter (Mohammed) oder Kaiser (Karl der Große), ob Großer Kurfürst oder Napoleon Bonaparte, die Großen ihrer Zeit blieben in der Überlieferung selten ohne die Erwähnung und Charakterisierung ihrer Pferde.

Napoleon war ein großer Liebhaber weißer Pferde, wie hier auf dem Gemälde »Schlacht bei Wagram/Wien 1809« zu sehen ist

Bis Anfang des 20. Jahrhunderts blieben die Angriffe der Kavallerie die gefährlichste und oftmals entscheidende Waffe im Kriege – hier eine deutsche Husarenpatrouille im 1. Weltkrieg bei der Überquerung eines Flusses

Wahrscheinlich werden es einmal die 30er Jahre unseres Jahrhunderts sein, die in der Geschichte als die Kulmination der Pferdepopulation auf der Erde zu bezeichnen sind, denn 1939 wurde der Bestand weltweit auf 92 Millionen Pferde geschätzt, 1959 ist dieser Bestand noch mit 70,3 Millionen beziffert.

Der geringe Abstand zu einer Zeit, in der das Pferd auch bei uns noch eine überragende Rolle spielte, kann angesichts der heutigen Verhältnisse betroffen machen.

Schon am Beispiel unseres Landes verdeutlicht sich der Wandel, der durch die Technisierung eingetreten ist, ungeheuer eindrucksvoll. Während allein die deutsche Wehrmacht im 2. Weltkrieg noch 2,75 Millionen Vierbeiner in Sold stehen hatte und in den ersten Jahren nach dem Krieg – ohne den Militärbedarf gerechnet – über 3 Millionen Pferde lebten, war der Bestand in einem dramatischen Niedergang bis 1972 auf 252 000 Tiere gefallen.

Die Konsolidierung des Pferdebestandes in den alten Bundesländern auf heute wieder etwa 380 000 Tiere verdanken wir im wesentlichen dem Reit- und Fahrsport und den Freizeitambitionen tierliebender Mitbürger. Daß der Sport als eine Nuance unserer Kultur offenbar an jene Wertschätzung anzuknüpfen vermag, die das Pferd seit vielen 1000 Jahren durch den Menschen erfahren hat, darf nicht darüber hinwegtäuschen, daß die Erhaltung des Pferdes immer schwieriger wird.

Kann jeder reiten lernen?

Reiten ist eine ständige Herausforderung

Unter den vielen schönen, gesundheitsfördernden und unsere Freizeit bereichernden Sportarten, ist Reiten eine der vielseitigsten und anspruchvollsten:
Vielseitig wegen des Reichtums an Pferdearten und Reitweisen, sportlichen Spezialdisziplinen und freizeitgestalterischer Individualität.
Anspruchsvoll, weil sich die Vielfalt der reiterlichen Möglichkeiten und Ausdrucksformen nur dem erschließt, der die Welt rund um das Pferd als einen großartigen Ausschnitt der Natur mit vorgegebenen Gesetzmäßigkeiten und elementarer Ursprünglichkeit begreift. Ferner, weil Geist und Körper des Menschen in der Beschäftigung mit dem Pferd gleichermaßen gefordert sind.
Die Herausforderung, die das Pferd für den Menschen unserer Zeit darstellt, ist eine andere als die früherer Epochen, in denen mit diesem Großtier Arbeit bewältigt wurde und wirtschaftliches wie militärisches Kalkül ebenso mit ihm verbunden wurden wie gesellschaftliche Repräsentanz. Das Pferd im heutigen Sport bedeutet für den Einzelnen, neben der Verwirklichung seiner höchst eigenen sportlichen Absicht Existenz und Wohlergehen dieses Individuums jederzeit sicherzustellen.

Pferde sind kein Sportgerät

Die ständige Herausforderung des Reiters durch das Pferd liegt vor allem darin, den Kontakt und das Zusammenwirken beider unablässig zu verbessern, denn in der Reiter-Pferd-Beziehung sind Übereinstimmung und Harmonie die Voraussetzungen jeder sportlichen Leistungssteigerung. Der Rang des Pferdes in diesem Sport ist der eines Partners mit seinen unabdingbaren natürlichen Bedürfnissen und Ansprüchen. Seine Leistungsbereitschaft und sein Eingehen auf den Willen des Reiters erfüllen zwar den Tatbestand einer Unterordnung,

Wer möchte angesichts solcher Anmut und Rasse von einem »Sportgerät« sprechen?

sind aber in ihrer Wirkung immer und unmittelbar an die individuelle Autorität und das technische Können des Reiters gekoppelt.
Ein Vergleich des Reitens mit anderen Sportarten ist in diesem Zusammenhang ausschließlich in bezug auf Körper und Geist des Menschen möglich. Das Pferd hingegen als modernes »Sportgerät« unter Tennisschläger, Fallschirme oder teure Rennwagen einzureihen, ist ebenso töricht wie naturverachtend.

Reiten ist keine Schwarze Kunst

Gerade den Neuling verwirrt zumeist all das, was angeblich von hoffnungsfrohen, jedoch vor Respekt schlotternden Eleven der Reitkunst schon gleich zum Auftakt ihrer Bemühungen verlangt wird. Aber gemach, gemach! Reiten ist zwar ein Sport unter besonderen Bedingungen, aber keine Schwarze Kunst.
So wie es oberstes Reitergebot ist, Ruhe in jeder Lage und Übersicht bei allen Aktionen zu bewahren, wird gerade der Anfänger, ob jünger oder älter, bei seinem Start auf der Stallgasse gewiß nicht mit Hektik übergossen. Es ist auch ein Gerücht, daß sein persönliches Motiv, mit dem er sich erstmals den Pferden und ihrem sportlichen Umfeld nähert, irgendeiner besonderen kritischen Würdigung unterzogen würde, so wie es zum Beispiel Berufsanfängern drohen kann, wenn sie sich erstmals ihrem künftigen Arbeitgeber vorstellen. Frei, ungezwungen und angstfrei, so sollte der Anfänger an die Reiterei herangehen.

Bei aller Freude am Pferdesport sollte die Liebe zum Tier von Anfang an an erster Stelle stehen

Zahlreich sind die Motive

Zu verschieden und zu eigenwillig sind die Anregungen, durch die man ins Umfeld der Pferde gezogen werden kann, und zu zahlreich sind auch die Zielvorstellungen, mit denen die einzelnen ihr Reiterleben beginnen.
Tierliebe und Naturverbundenheit, Träume von eleganter Dressur und schneidigem Springreiten, die Freiheit der Wanderreiter und das Flair der Westernromantik können ebenso den Ausschlag gegeben haben wie der bloße Wunsch, die eigene Fitneß bis ins Alter hinein zusammen mit einem Lebewesen statt mit Hanteln oder Trimmrad zu gewinnen.

Mädchen reiten wie die Jungen

Durch ein Nadelöhr müssen sie alle, die Erwartungsvollen, die sich motiviert auf der Stallgasse einfinden: durch die Grundschule der Pferdebetreuung und des Reitens. Erst danach dürfen sich, ganz wunschgemäß, die Wege gabeln... Reiterlich wird weder nach Geschlecht noch nach Alter unterschieden. Die Mädchen reiten wie die Jungen, und der Senior unter den Anfängern unterliegt den gleichen Regeln, weil allesamt das Wesentliche des Reitens gemeinsam zu beachten haben: die Art und Weise des Umgangs mit dem Pferd. Und hierzu hat jeder gesunde Mensch eine ganz reelle Chance.

Welche Muskeln braucht der Reiter?

Fitneß durch Reiten zu erlangen heißt für den Sportler, eine selbstgestellte Aufgabe zu bewältigen. Was hat es mit dieser Fitneß auf sich, und welche Bereiche werden durch sie erfaßt?
Sportmedizinisch gesehen ist Reiten eine Ganzkörperbelastung, das heißt, die meisten der im Körper vorhandenen Muskeln werden ständig beansprucht. Und nicht nur das! Wesentliche Körperfunktionen, die durch kaum eine andere Sportart aktiviert werden, können durch das Reiten erschlossen werden (siehe auch Seite 18).

Nicht geringer ist die Skala der psychischen Erfordernisse. Doch davon mehr an anderer Stelle.
Übereinstimmend sagen wissenschaftliche Untersuchungen über das Reiten aus, daß Koordinationsfähigkeit, Beweglichkeit, Gelenkigkeit, aerobe und anaerobe Ausdauer, Kraftausdauer und Reaktionsschnelligkeit die hervorstechenden Merkmale der reiterlichen Kondition sind.
Reiten koordiniert die Summe der muskulären Körperfunktionen auf ein Höchstmaß an Einsatzbereitschaft und Ausgeglichenheit. Gefordert ist dabei der ganze Körper. Reitanfänger spüren dies zumeist an ihrem »Rundum-Muskelkater« nach den ersten konzentrierten »Abenteuern« zu Pferde.

Reiten ist körperlicher Einsatz total – ganz besonders beim Ausritt ins Gelände

Die besonders geforderten Muskelpartien an Unter- und Oberschenkeln, Wirbelsäule, Gesäß, Bauch und Schultergürtel korrespondieren dabei wie bei kaum einer anderen Sportart mit der Reaktionsschnelligkeit hinsichtlich der Komponenten des Gleichgewichts der Körperhaltung und der Koordination der Arm- und Beinbewegungen.

Reiten ist körperlicher Einsatz total, ohne allerdings ständig an die Leistungsgrenze herangehen oder einzelne Körperfunktionen überstrapazieren zu müssen. So ist der Aufwand an Kraft beispielsweise niemals mit der spontanen Energie eines Gewichthebers (Maximalkraft) und der eines Sprinters (Schnellkraft) gleichzusetzen, sondern ist im Bereich der Kraftausdauer angesiedelt: Jener Kraft, die über längere Zeit bei ausreichender Sauerstoffzufuhr, akzeptablen Laktatwerten und beständiger Pulsfrequenz körperliche Leistungen ermöglicht, die echte Trainingswerte vor allem für die Muskulatur, den Kreislauf und sämtliche Körperfunktionen, einschließlich der Stoffwechselsysteme, gewährleistet.

Reiten ist kein Kraft- oder Schnelligkeitssport, sondern ein Kraftausdauersport. Die qualitativen Merkmale seiner Ausübung sind durch den Bewegungsrhythmus, den Bewegungsfluß, die Bewegungsgenauigkeit, die Bewegungskonstanz, den Bewegungsumfang und die Bewegungsstärke gekennzeichnet (Claus Chmiel, 1987).

Was ist typisch für den Reiter?

Die fünf motorischen Hauptbeanspruchungsformen des Reiters, Koordinationsfähigkeit, Flexibilität, Kraft, Schnelligkeit und Ausdauer (Hollmann und Hettinger 1980) entsprechen den psychischen Erfordernissen, denen sich jeder in diesem Sport zu stellen hat. Die Tatsache, daß es hier um einen Sport geht, in dem es der Mensch mit einem anderen Lebewesen zu tun hat als mit seinesgleichen und weiterhin noch darauf angewiesen ist, das Gelingen seines Sports auf die Harmonie mit diesem Lebewesen abzustützen, verlangt das unbedingte Eingehen auf das, was die Natur uns in Körperbau, Größe, Bewegungsabläufen, Instinkt und Temperament des Pferdes bietet.

Diese notwendige Abstimmung aufeinander führt zwangsläufig in ihrer Trainingsauswirkung auf Körper und Psyche des Reiters zu einem Ergebnis, das im Vergleich mit den Resultaten anderer Sportarten in etwa auf folgende Kurzformel gebracht werden kann:

Kraft, Ausdauer, Geschmeidigkeit.

Die Ganzkörperbelastung durch das Reiten stärkt die Skelettmuskulatur und die Organe insgesamt und weckt dabei eine Reihe allgemein wenig trainierter Muskelfunktionen des Körpers zu besonderer Leistung. Dies alles wird nicht in Form körperlicher Veränderungen, wie bei etlichen Kraftsportarten, sichtbar, sondern äußert sich als Fitneßbild der Gesamterscheinung. Körperliche Geschmeidigkeit ist meist mit psychischer Beweglichkeit (Reaktionsschnelligkeit) gekoppelt.

Für solch einen Ritt sollten beide – Pferd wie auch Reiter – fit sein

Von der Kondition

Gelöstheit oder Angst, Zu- und Abneigungen, Umwelteinflüsse, Motivationen und Zielvorgaben unterschiedlicher Art bestimmen das Reiten auf ebenso direkte Weise wie die geforderte Kraftausdauer.

Untersuchungen haben ergeben, daß diese Komponenten beispielsweise die Herzfrequenz des Reiters in Relation zu seinem Können mitbestimmen.

So liegt die durchschnittliche Pulsfrequenz eines ungeübten Reiters in allen Phasen bis zur Maximalanforderung deutlich höher als die eines versierten Reiters. Generell kann zum reiterlichen Ausdauertraining einschließlich der psychischen Komponenten gesagt werden, daß es ein geeignetes Mittel zur Verbesserung der Herzökonomie darstellt. Das heißt, die regelmäßige Trainingsanspannung verringert die Ruhe- und Belastungsfrequenz des Herzens und reduziert damit die tägliche Herzarbeit. Die Bedeutung dieses Effekts liegt in der Vorbeugung koronarer Erkrankungen.

Die Trainingswirkung auf das Herzsystem läßt sich beim Reiten durchaus individuell gestalten. Während das Reiten im Schritt – ohne besondere Einwirkung auf das Pferd – beim geübten und ausdauertrainierten Reiter noch keinerlei Trainingswirkung auf die Herzfrequenz hervorruft, verändert sich dies natürlich beim Wechsel der Gangarten und disziplinspezifisch in Abhängigkeit zu den Anforderungen. Nimmt man zum Beispiel eine Ausgangsherzfrequenz von 60 bis 80 Schlägen pro Minute beim Schrittreiten an, so kann sich diese bei der Bewältigung eines Springparcours durch-

aus bis auf 160 bis 180 Schläge pro Minute erhöhen. Normalerweise geht man davon aus, daß eine Trainingswirkung erst dann erzielt wird, wenn man Pulswerten, die der Formel »Pulswert 180 minus Alter des Sportlers« entsprechen, nahekommt.
Diese optimale Trainingswirkung wird durch das Reiten in bezug auf Herz und Muskulatur laut sportmedizinischen Untersuchungen bereits beim Leichttraben erzielt, das durch seine rhythmische Herz- und Muskelbelastung der Ganzkörperbeanspruchung im Sinne des reiterlichen Konditionsaufbaus am besten entspricht.
Reiterliche Konditionierung hat eine ganze Fülle von Zielvorgaben – vorrangig die gute Koordination der komplexen Bewegungsabläufe, die zum Reiten erforderliche Elastizität der Wirbelsäule sowie die Flexibilität der Hüft-, Fuß- und Handgelenke.

Vom Gleichgewicht

Die fünf Hauptbeanspruchungsformen beim Reiten (siehe auch Seite 18) umfassen im einzelnen eine Reihe untergeordneter Zielbegriffe und Nebeneffekte. Bewegungsgefühl, Gleichgewicht, Einfühlungsvermögen und Reaktionsschnelligkeit sind nur einige Beispiele.
Verweilen wir kurz beim Alptraum vieler Reitanfänger, beim Gleichgewicht, jener Potenz also, die es ermöglicht, nicht vom Pferd zu fallen.
Ganz abgesehen davon, daß Angst hier eigentlich völlig unangebracht ist, weil es genügend Möglichkeiten gibt, dem Anfänger bei der Suche nach seinem Gleichgewicht zu helfen, ist auch der Vorgang leicht erklärt. Auf dem haltenden Pferd sitzend, bereitet es keine Mühe, auch ohne Muskelkraft allein durch die Gewichtsverteilung das Gleichgewicht zu erhalten. Diesen Zustand nennt man Balance. Setzt sich das Pferd jedoch in Bewegung, so ist die Sitzfläche zu klein, um ohne Muskelkraft diese Balance zu halten. Würde der passive Sitz beibehalten, würden die stoßenden Bewegungen des Pferderückens den Reiter aus dem Gleichgewicht bringen. Die Wiederherstellung des Gleichgewichts geschieht durch die Kraft der Arm- und Beinmuskulatur oder eine Änderung der Körperhaltung. Je nach Gangart, Geschwindigkeit und Richtung des Pferdes erfolgt die Dosierung dieser Maßnahmen, die nichts anderes sind als eine Einwirkung auf die Beharrungstendenz des Körpers. Bei der Erhaltung des Gleichgewichts durch Körperhaltung und koordinierte Arm- und Beinmuskulatur spricht man vom Eingehen auf die Bewegungen des Pferdes.

Fitneß bis ins hohe Alter

Reiten kann man von 8 bis 80. Daß dies nur ein Merksatz und keine unbedingte zeitliche Begrenzung ist, belegt die Praxis in vielfältiger Form.
Während allerdings beim Kind die Frage nach der physischen Kraft zur ordnungsgemäßen Arbeit mit dem Pferd gestellt

wird, ist es für alte Menschen wichtig, ob denn für die naturgemäß eingeschränkten physischen Belange das entsprechend ruhige und ausgeglichene Pferd zur Verfügung steht.
Es ist aber nicht Legende, daß beispielsweise zum Zeitpunkt des Entstehens dieses Buches nicht nur ein über 80jähriger Hamburger jeden Tag 2 Pferde reitet, sondern auch, daß sich eine 84jährige Dame in Westfalen täglich mit ihrem Trakehner in der Reitbahn tummelt.
Die Kernfrage in diesem Zusammenhang ist, ob Reiten ein Sport ist, dem man ein Leben lang anhängen kann, und ob er in vielschichtiger Hinsicht einen Traum der Selbstverwirklichung und steten Konditionierung in der Freizeit zu erfüllen vermag. Er kann es!
Ganz abgesehen davon, daß Fitneß durch viele Lebensjahrzehnte aus der Perspektive sportlicher Ertüchtigung durch längst nicht alle der gängigen Sportarten gewährleistet werden kann, ist Reiten sogar mehr als »nur« Sport. Allein die konstante verantwortliche Beschäftigung des Reiters mit dem Pferd hält ihn wie eine Klammer an naturgegebenen Bedingungen fest, bewahrt ihm ein wichtiges Stück Naturverbundenheit und in der Regel auch natürliche Frische.

Fitneß auch durch Pferdepflege

Eines der wenig beachteten Merkmale des Umgangs mit Pferden ist die Tatsache, daß dieser Sport im Sinne unseres heute zumeist schon entscheidend eingeschränkten Verhältnisses zu gesunder

Alte Freundschaft muß nicht rosten

und zuweilen robuster körperlicher Bewegung keineswegs erst mit dem Aufsitzen zur Reitlektion beginnt, sondern viel früher und mit viel zu gering erachteter Intensität. Eine der ersten Erkenntnisse, die der Reitanfänger hat, zumal dann, wenn er in recht untrainierter körperlicher Verfassung beginnt, ist die, daß konzentrierte Pferdepflege und Stallarbeit zu den kraftraubenden Tätigkeiten zu zählen sind, und daß die ersten Schweißtropfen in diesem Sport schon auf der Stallgasse fallen werden.
Eine Anspannung übrigens, die nur von wenigen Reitern als Beitrag zu ihrer persönlichen Konditionierung wahrgenommen wird. Tatsächlich ist es so, daß die Beschäftigung mit dem Pferd gerade in der Phase der Betreuung schon ein gesundes Maß an Fitneßtraining des Reiters beinhaltet.
Die Anspannungskurve des Reiters (der Reiterin) betreffend der zu erbringenden

körperlichen und psychischen Leistung bewegt sich natürlich auch bei der Pflege des Pferdes in jenem Rahmen, der ungeübte und versierte Pferdeleute zwar wesentlich voneinander unterscheidet, jedoch keineswegs überfordert.

Reiten und Pferdehaltung haben Normen, in denen ökonomisches Verhalten – Einübung, Routine – eine wesentliche Rolle in bezug auf Kraftaufwand und psychische Reaktionen spielen. Das Pferd bleibt jedoch in dieser Beziehung immer ein Wesen, das anreizt und die intellektuelle wie praktische Verbesserung des bereits erreichten Zustandes herausfordert.

Interessanterweise steht im allgemeinen für den Reiter sein eigenes Fitneßbegehren durchaus nicht im Vordergrund. Ihn bewegen zumeist weitaus mehr die Erfordernisse und Trainingsfortschritte seines Pferdes. Obwohl auch hier Ausnahmen die Regel bestätigen, begegnen wir in diesem erstaunlichen Umstand doch einem der deutlichsten Hinweise darauf, daß sich die Abhängigkeit in dieser Reiter-Pferd-Partnerschaft durchaus nicht nur auf das Pferd beschränkt.

Bewegung und Fitneß erhält man schon ganz nebenbei durch die tägliche Pferdepflege

Reiten muß kein Wunschtraum bleiben

Wie finde ich den Einstieg?

Anders als früher, als die Pferde noch unsere Straßen belebten und als in Stadt und Land die kundigen Pferdeleute millionenfach anzutreffen waren, stellt sich heute vielen Jugendlichen und Erwachsenen gleichermaßen die Frage: »Wie finde ich eigentlich einen geeigneten Zugang zur Reiterei?«

Der Wunsch, Reiten zu lernen, ist längst übermächtig geworden, der Entschluß eigentlich auch schon seit längerem gefaßt, aber das Zaudern vor dem Einstieg läßt sich nicht von jedem so mir nichts dir nichts überwinden.

In dieser Lage empfiehlt es sich, zunächst einmal Ausschau nach Freunden oder guten Bekannten zu halten, von denen man weiß, daß sie sich mit dem Reiten befassen und bereit sind, die nötigen Anfangskontakte herzustellen. Damit verschafft man sich zumeist auch gleich die Möglichkeit, den Geburtsort seiner künftigen reiterlichen Taten aus noch sicherem Abstand beschnuppern zu können und sich für seine ersten Schritte in diesem ungewohnten Umfeld innerlich zu wappnen.

Da die Bundesrepublik – das gilt auch für die neuen Bundesländer – fast flächendeckend mit einem stattlichen Netz aus Reitervereinen, Reitschulen und Ferienbetrieben mit Reitangebot überzogen ist, empfiehlt es sich, zunächst in der engeren Nachbarschaft nach entsprechenden Möglichkeiten Ausschau zu halten. Wichtig ist es, bei diesen Erkundungen vor allem den Hinweisen auf einen geordneten und soliden Reitunterricht nachzugehen.

5 300 Vereine und vieles mehr

Die ca. 5 300 Reit-, Fahr- und Voltigiervereine stellen ein wohldurchdachtes, gut gegliedertes System dar. Die Vereine sind in Kreis-, Regional- und Landesverbänden organisiert: die 16 Landes- sowie 6 Spezialverbände nebst einigen Sonderinstitutionen – zum Beispiel die Haupt- und Landgestüte oder das Deutsche Olympiade-Komitee für Reiterei – bilden einen Dachverband, die Deutsche Reiterliche Vereinigung e.V., die ihren Sitz im westfälischen Warendorf hat. Eingeschlossen in dieses Organisationsnetz sind 13 Fachschulen für Reit-, Fahr- und Voltigierausbilder, 72 besonders qualifizierte Reit- und Fahrschulen sowie ca. 750 Vereine und Betriebe mit der Berechtigung zur Ausbildung von Pferdewirten.

Qualifizierte Reitlehrer, gute Ausrittmöglichkeiten und vor allem gesunde muntere Schulpferde sollten die wichtigsten Kriterien zur Auswahl Ihres Reitstalls sein

Damit jedoch nicht genug. Mehrere hundert Betriebe mit reiterlichen Urlaubsangeboten, von denen sich ca. 200 der Qualitätsprüfung durch den Dachverband unterzogen haben, ergänzen diese Struktur.

Der Ordnung wegen muß dieser kurzen Übersicht hinzugefügt werden, daß sie »nur« auf Vereine und Privatbetriebe mit öffentlichem Reitangebot bezogen ist. Daneben gibt es in der Bundesrepublik außerdem mehrere hundert ausschließlich in privater Nutzung geführte Reitställe, Gestüte und Zuchtställe mit Reitbetrieb. Wer sich in ihnen die ersten Sporen verdienen möchte, muß logischerweise über entsprechende persönliche Beziehungen zu den Betreibern dieser Ställe verfügen.

Welchen Reitstall soll ich wählen?

Die Frage nach der Wahl der reiterlichen Ausbildungsstätte erfordert eine Antwort, die mehreren Gesichtspunkten gerecht werden muß.

Ausschlaggebend ist die sorgfältige Abwägung, ob man sich in dem Betrieb seiner Wahl und in der dort ansässigen, zumeist über einen längeren Zeitraum gewachsenen Gemeinschaft aus Reiterinnen, Reitern und oft auch jugendlichen Voltigierern – sei sie vereinsmäßig oder auf privater Grundlage organisiert – wohlfühlen kann. Das betrifft sowohl die ordnungsgemäße Ausbildung als auch das sportliche Gesamtangebot (Voltigie-

ren, Ponyreiten, Dressur-, Gelände-, Spring-, Fahrausbildung usw.) sowie die Rahmenangebote und die geselligen Kontakte.
Je nach eigener Zielvorstellung für die Zeit nach der Grundausbildung spielen Ausstattung (Halle, Reitplätze usw.) und Umgebung (Ausritte) eine wesentliche Rolle. Da man sich in der Regel nicht nur für kurze Zeit, das heißt etwa für die Dauer eines Lehrgangs, an eine Reitstätte zu binden beabsichtigt, ist natürlich auch deren Entfernung zur eigenen Wohnung von Bedeutung, weil hier Zeitaufwand, Fahrprobleme und Kosten berücksichtigt werden müssen. Diese Überlegungen sind beispielsweise für die Eltern voltigier- und reitbegeisterter Kinder nicht unbedeutend.
Last not least die Kostenfrage. Hierbei kann es zwischen den verschiedenen Betrieben, je nach ihrer Aufgabenstellung, Angebotsbündelung oder Serviceleistung, durchaus zu erheblichen Unterschieden kommen.
Schließt man sich einem Reiterverein mit Schulstall als Mitglied an, dann ergeben sich die Unterrichtskosten zumeist aus einer Mischung von Vereinsbeitrag, Förderbeitrag des Vereins und Selbstbeteiligung des Reitschülers. Wobei man unter einer Förderung durch den Verein gewöhnlich die Bereitstellung der Schulpferde und/oder den Einsatz der Ausbilder zu verstehen hat.
Diese Rechnung wird natürlich von privaten Schulbetrieben ganz anders aufgemacht werden müssen.
Die Lehr- und Ausbildungsbetriebe sind durch farbige Schilder in Hufeisenform gekennzeichnet: Reit- und Fahrschule = gelb (alle Formen des Ausbildungs- und Prüfungswesens); Reitstall = rotbraun (in diesem Betrieb können auch Reiterprüfungen abgenommen werden); Reitstall = grün (in diesem Betrieb steht mindestens ein fachgeprüfter Reitausbilder zur Verfügung).
In den deutschen Reit- und Fahrvereinen werden gegenwärtig rund 630 000 Mitglieder betreut. Darüber hinaus schätzt man die Zahl der Reiter und Fahrer, die sich keinem Verein angeschlossen haben, nochmals auf eine halbe Million.

Die Schilder der offiziell anerkannten Lehr- und Ausbildungsbetriebe

Alle Wege führen zum Fachmann

Es gibt viele Sportarten, in denen es vergleichsweise einfach ist, Fitneßtraining, schon nach kurzer Einweisung durch Kenner, allein oder mit Gleichgesinnten zu betreiben. Reitanfänger sollten sich dies von vornherein aus dem Kopf schlagen. Wer sich vorgenommen hat, später ein solides Erscheinungsbild im Sattel abzugeben, sollte seinen reiterlichen Startversuch getrost mit der Ausgangslage etwa beim Erwerb des Führerscheins vergleichen, denn es gibt einfach fachliche Notwendigkeiten, denen man aus Verantwortung nicht ausweichen darf.

Beim Reiten ist der Weg zum Fachmann eindeutig auch der kürzeste und schnellste, mit dem man jene ersehnte Fähigkeit, sich allein und frei mit einem Pferd beschäftigen und bewegen zu können, erwirbt.

Es hilft ungemein, sich den Anfang seiner Reiterlaufbahn – sagen wir ca. 20 Unterrichtsstunden – als einen Selbsttest aufzuerlegen und diesen konzentriert und aufnahmebereit durchzustehen.

Abgesehen davon, daß diese Stunden anfangs gewiß nur halbe Stunden sein werden, weil sich der Körper erst einmal auf die neue Ganzheitsbelastung einstellen muß, wird diese Zeit auch sonst wie im Fluge vergehen. Zumeist erst nach solcher »Ochsentour« kann man im Pferdesport seine eigene Lage realistisch und sicherlich mit wachsender Lust neu einschätzen.

Ähnlich dem Unterricht beim Führerscheinerwerb werden sich Erfolgserlebnisse für den Einzelnen in der Anfangsphase unterschiedlich schnell einstellen. Wäre dies nicht so, wäre es nicht normal. Denn immerhin sind in diesen ersten Stunden drei Lebewesen mit von der Partie: der Reiter mit ureigenem Naturell, das Lehrpferd mit eigener Persönlichkeit und, nicht zu vergessen, die Autorität Reitlehrer. Von zusätzlicher pädagogischer Bedeutung bei diesem Lernprozeß ist auch der Umstand, ob man seine Anfangslektionen im Einzel- oder im Gruppenunterricht erfährt. Doch davon später mehr.

Welches sind die ersten Ziele?

Die Lernziele der Anfangszeit, Vertrautheit mit dem Pferd zu gewinnen, das eigene Gleichgewicht zu finden und auf das Pferd mit koordinierten Hilfen erfolgreich einwirken zu können, kann man fast überall, wo Unterricht fachgerecht erteilt wird, ohne wesentliche Einschränkung erreichen.

Das bedeutet, anders ausgedrückt, folgendes:

Der weibliche oder männliche Neuling der Reitkunst wird zunächst in den Umgang mit dem Pferd am Boden eingewiesen. Er lernt, es zu putzen und zu versorgen, zu führen und zu satteln; er lernt die Verhaltensregeln, die für Stall und Reitplatz gelten und wird auf diese Weise in recht kurzer Frist mit seinem künftigen Sportpartner und seinem engsten Umfeld vertraut gemacht.

Der Lernprozeß ist also schon in vollem Gange, bevor der Schüler zum erstenmal aufsitzt.

Nun beginnt die Phase seiner körperlichen Anpassung an das Pferd. Es gilt, das Gleichgewicht zu finden und die eigene Rumpf-, Arm- und Beinhaltung sowohl den Bewegungen des Pferdes anzupassen als auch die spätere Einwirkung (»Befehlsgebung«) auf das Pferd durch die drei wesentlichen Hilfen (Signale), die dem Reiter zu Gebote stehen, möglich zu machen: Die Gewichts-, die Zügel- und die Schenkelhilfen.

Es bedarf zumeist einer gewissen Stundenzahl, um ein Grundmaß an Gleichgewicht im Sattel zu erreichen und den Sitz des Schülers so zu festigen, damit das zweite Ziel, die korrekte Hilfengebung, angesteuert werden kann.

Die dritte Phase des Anfängerunterrichts dient im wesentlichen dazu, das Erlernte zu verfestigen und im Sinne des Lernfortschritts bereits ganz konkrete Aufgaben zu bewältigen. »Reiten lernt man nur durch Reiten«, heißt von nun an das geflügelte Wort, und die Verselbständigung des Anfängers mit seinem Pferd wird stündlich weiter ausgebaut.

Der Sinn dieser Grundschulung, nämlich den Reiter in die Lage zu versetzen, ohne fremde Unterstützung und ohne die schützenden Begrenzungen der Reitbahn sein Pferd in allen Gangarten (Schritt, Trab, Galopp) sowohl in der Gruppe als auch allein dirigieren zu können, umschreibt auch gleichzeitig das »Nadelöhr«, durch das ein jeder erst geschlüpft sein muß, bevor er sich der großen Reiterfamilie zurechnen kann.

Vertrauen und Harmonie zwischen Pferd und Reiter lassen beide »fast« jedes Hindernis ohne Problem bewältigen

Es liegen gewiß für die meisten viel Respekt, gehöriger Muskelkater, vielleicht auch einige Ängste und mancher Schweißtropfen auf diesem relativ kurzen Weg. Wer ihn jedoch erst einmal bewältigt hat, und dies kann im Grunde fast jeder normal veranlagte Jugendliche und Erwachsene, dem stehen von nun an die Tore zu seiner ganz individuellen Weiterentwicklung in diesem vielseitigen Sport offen.

Etwas über Ausbildung und Ausbilder

Von den Reitwarten und Amateurreitlehrern der Vereins- oder Privatställe über die Berufsreiter, wie Pferdewirte, Pferdewirtschaftsmeister, Berufsreitlehrer, bis hin zu den Spitzen des Reitfachs, den Reitmeistern, gibt es betreffend des Grundunterrichts kaum fachliche Abweichungen. So wie überall im Leben liegen die Unterschiede auch hier im Persönlichkeitsbild der Ausbilder und in deren individueller Begabung, den Unterricht zu gestalten.

Jährlich legen in der Bundesrepublik 1200 bis 1300 neue Reitausbilder ihr Examen ab. Sie alle entstammen dem einheitlichen Ausbildungssystem der deutschen Reiterei und sind methodisch in Theorie und Praxis nach gleichen Grundsätzen und gleichem Lernstoff herangebildet und geprüft worden.

Die sogenannte klassische deutsche Reitausbildung hat eine lange Geschichte. Ihre entscheidende und in ihren Grundlagen bis heute wirksame Ausprägung war im wesentlichen das Werk vieler Generationen deutscher Kavalleristen. Obwohl sich seit der zweiten Hälfte des vorigen Jahrhunderts auch immer stärker zivile Einflüsse auf die Ausbildung von Reiter und Pferd bemerkbar machten, blieb dennoch das Schwergewicht ihrer systematischen Entwicklung, Erprobung und Anwendung unter der Federführung der Armee, die auch in Friedenszeiten unter dem letzten Kaiser noch über 120 Kavallerieregimenter unterhielt.

Auch die Entwicklung des neuzeitlichen Turniersports in den seit der Jahrhundertwende immer stärker aufkommenden Reitervereinen behielt als Fundament die militärischen Reitregelwerke, und noch lange Jahre nach dem Zweiten Weltkrieg trugen im wesentlichen die bewährten Reitlehrer der einstigen Armee die Ausbildung im Reitsport.

Das Bild des Reitlehrers ist von altersher farbig, vielschichtig und anekdotenhaft. Die Pflege der Reit- und Fahrkunst, jahrhundertelang ein Nebenprodukt militärischer und wirtschaftlicher Verwendung der Pferde, wurde erst ab der zweiten Hälfte unseres Jahrhunderts allmählich in rein sportliche Zielsetzung und zivile Ausdrucksformen überführt. Während sich dabei aber an den Grundlagen der Reiter-Pferde-Ausbildung kaum etwas verändern, verbessern ließ, rückte jedoch mit den Nachkriegsgenerationen ein neuer Typ des Ausbilders immer stärker in den Vordergrund. Das Bild des rauhbeinigen Wachtmeisters der Kavallerie verblaßte, und an seine Stelle rückten Reitausbilder, deren Problem darin lag, ohne den Rückhalt militärischer Autorität reiterliche Lerninhalte ähnlich wirksam vermitteln zu müssen. Daß dies auf Anhieb nicht überall gleich gut und glatt gelang, blieb nicht ohne Auswirkung auf das allgemeine Reitniveau. Inzwischen ist die moderne Ausbildung pädagogisch unterbaut und psychologisch gestärkt aus ihrer Entwicklungszeit herausgewachsen, und der Kasernenhofton in den Reitanlagen ist meist der gesellschaftlich neu angepaßten Art der Schülerbehandlung gewichen.

Gleichwohl wird der Umgang mit Pferden immer ein Sport sein, der energisches Auftreten und Handeln sowohl der Lehrer als auch der Reitschüler erfordert. Die gegenüber diesem Großlebewesen aufzubringende wohlabgestimmte Mischung aus Robustheit und Feinfühligkeit ist im übrigen auch der Nährboden für ein ganz besonderes Lehrer-Schüler-Verhältnis und die geselligen Bindungen der Reiter untereinander. Das unerschöpfliche Thema Pferd ist aus diesen Beziehungen natürlich niemals auszuklammern.

Wie macht man einen Startversuch?

Für den lernbegierigen Neuling der Reitkunst ist es wichtig zu wissen, daß es weniger die Standardanforderungen im Unterricht sein werden, die ihm anfangs Probleme bereiten könnten, sondern die Frage, ob er innerlich bereit ist, sich auf das ganze Umfeld dieses Unterrichts einzustellen.

Nehmen wir an, er sucht ohne Vermittlung und Einführung durch Bekannte Kontakt zu einem Reitbetrieb, dann darf er getrost davon ausgehen, daß dies weder unüblich noch besonders schwer ist, wenn er einige Hinweise beachtet.

Am leichtesten wird es für ihn, wenn er dem Reitstall seiner Vorauswahl zunächst einmal einen unverbindlichen Besuch abstattet, sich den Verantwortlichen vorstellt und die Erlaubnis einholt, einmal alles in Augenschein nehmen und

Ein Blick hinter die Kulissen kann niemals verkehrt sein

für eine Weile Zaungast spielen zu dürfen. In der Regel kann er nämlich davon ausgehen, daß Gäste, die die Form zu wahren wissen, in Vereinsanlagen und Privatbetrieben offen und freundlich aufgenommen werden.

Es gilt nun, den mit diesem Eintritt verbundenen ersten Eindruck möglichst systematisch zu einem Gesamteindruck auszuweiten. Hierzu gehören unbedingt Verfassung und Pflegezustand der Pferde, Ordnung und Sauberkeit im Stall sowie Größe und Zustand der Reitanlagen. Es empfiehlt sich, nach der üblichen Anschlagtafel mit Stallordnung und Unterrichtsplan Ausschau zu halten, einen

Blick auf die sanitären Anlagen zu werfen und auch, wenn vorhanden, Reiterstube oder Kasino auf sich wirken zu lassen. Im allgemeinen merkt man nach einer solchen Pferde- und sachbezogenen Umschau selbst recht schnell, ob man sich als Reitschüler in dieses Umfeld eingewöhnen könnte oder nicht. Denn immerhin geht es darum, hier einen Teil der eigenen Freizeit unter guten und freundlichen Bedingungen zu verbringen.

Den zweiten Akt seines ersten Besuchs sollte der Neuling sodann der gründlichen, aber diskreten Beobachtung aller Aktivitäten in diesem Betrieb widmen. Wie überall ist es gerade auch in Reitställen »der Ton, der die Musik macht«, und man wird im allgemeinen recht schnell gewahr, ob Betriebsklima und Reiterstimmung als harmonisch und heiter einzuschätzen sind. Es lohnt sich in dieser Hinsicht, den Ablauf einer vollen reiterlichen Trainingseinheit von der Vorbereitung der Pferde im Stall über die Reitlektion bis hin zur abschließenden Versorgung der Pferde in sich aufzunehmen. Die Ausbilderinnen und Ausbilder in der Reitbahn sind fast ausnahmslos an Zuschauer gewöhnt.

Natürlich sollte sich niemand, der so seine ersten Kontakte zum Reitsport knüpft, sogleich eine Entscheidung abringen. Es ist gut, solche Eindrücke zunächst in Ruhe zu verarbeiten. Danach allerdings sollte man ohne Umschweife entscheiden und handeln. Die Frage, wo man sich anzumelden hat, dürfte jetzt kein Problem mehr darstellen.

Was kostet's bei der Kavallerie

Im Verlauf der Geschichte ist der Besitz eines Pferdes zumeist Ausdruck gewisser Wohlhabenheit sowie technischer wie wirtschaftlicher Überlegenheit gewesen. Kraft, Schnelligkeit, Ausdauer, Anpassungsfähigkeit und Eleganz dieses Vierbeiners, um nur einige seiner hervorstechendsten Merkmale zu nennen, versetzten den Besitzer in die Lage, mit seiner Hilfe besondere Leistungen zu vollbringen und die eigene Stellung wirkungsvoll zu unterstreichen. Dies hat sich grundlegend mit den Erfindungen unseres technischen Zeitalters und den neuen Symbolen des sogenannten zivilisatorischen Fortschritts geändert. Wirtschaftlich betrachtet wurde aus dem Gewinnbringer von einst ein Fürsorgefall für den tierfreundlichen Teil unserer Gesellschaft von heute. Entsprechend dem Wandel unserer Lebensumstände haben sich die diesbezüglichen Wertvorstellungen verschoben. Und die heutigen Preise für ein Pferd stehen in einem völlig anderen Wertverhältnis als zu jener Zeit, als es noch keine Autos und Motorräder gab.

Der Preis für ein ordentliches Reitpferd liegt heute etwa zwischen 4 000 und 10 000 DM. Gute bis überragende Turnierpferde werden darüber bis in Millionenhöhe gehandelt. Die Preisskala für einwandfreie Ponys und Kleinpferde beginnt etwa bei 2 000 DM.

Hinsichtlich der Unterhaltskosten, die der Besitzer eines Pferdes einkalkulieren muß, wenn er auf einen Pachtstall angewiesen ist, gibt es im Bundesgebiet ge-

waltige Unterschiede. Auch die Haltung eines Pferdes unterliegt dem Gesetz von Angebot und Nachfrage. Während es in einigen ländlichen Bereichen leicht möglich ist, Pachtbox, Futter und Einstreu mit ca. 300 DM im Monat zu begleichen, können diese Werte in Ballungsgebieten durchaus auf 1 000 DM und mehr hochschnellen. Die Dienstleistungen durch Tierarzt und Hufschmied müssen dabei gesondert beachtet werden.
Die wichtige Frage für den Anfänger, der noch gar nicht vom eigenen Pferd zu träumen wagt, ist natürlich die, welche Kosten ihn zu Beginn seiner Reiterkarriere erwarten. Hierzu gibt es zwar keine Pauschalantwort, jedoch Anhaltswerte. Realistisch ist es, die Reitstunde in der Gruppe auf zur Verfügung gestellten Schulpferden etwa ab 20 DM einzuplanen. Möglich sind natürlich beträchtliche Unterschiede im Preisgefüge, je nach Ortslage und Struktur der einzelnen Reitbetriebe.
Viele Vereins- und Ferienbetriebe unterschreiten allerdings die 20-DM-Marke teilweise ganz erheblich.
Reiten und Pferdehaltung haben, wie viele andere Sportarten auch, ihren Preis. Aber sie fallen in dieser Beziehung keineswegs mehr aus dem Rahmen, im Gegenteil. Wer sich die Mühe macht, korrekte Vergleiche anzustellen, wird schnell gewahr, daß sich das Reiten – normal und nicht als Hochleistungssport betrieben – für breite Gesellschaftsschichten geöffnet hat und auch preislich längst nicht mehr in der Spitzengruppe der Sportarten angesiedelt werden kann.

Wie rüstet man zum ersten Ritt?

Es verbleibt der Blick auf die Ausrüstung des reiterlichen Anfängers.
Eingedenk der Möglichkeit, daß die so kühn getroffene Entscheidung, Reiterin oder Reiter zu werden, doch nicht der Weisheit letzter Schluß gewesen sein sollte – schlauer ist man ja meist immer erst, nachdem man eine Erfahrung gemacht hat –, ist es empfehlenswert, nicht gleich eine Luxusausstattung zu kaufen. Falls man nicht sogar für den Anfang auf entbehrliche Ausrüstungsstücke von Freunden zurückgreifen kann, sollte man sich zunächst auf den preiswerten Einkauf des notwendigsten an Ausrüstung

Reitstiefel, Reithose, Reitkappe, Handschuhe und Gerte gehören zur Grundausstattung jedes Reiters

beschränken. Hierzu zählen Reitstiefel, Reithose, Reitkappe und Handschuhe. Stiefel mit viel Chic gibt es aus Gummi, Reithosen mit einfachem Kniebesatz aus Leder genügen vollauf, und auch die schützende Reitkappe, die es in verschiedenen Farben gibt, ist zu erschwinglichem Preis zu haben. Alles in allem kann man die Startkosten dieser Art durchaus auf etwa 300 DM eingrenzen. Und bequeme Pullover, Jacken, Anoraks und Handschuhe hat man ohnehin im eigenen heimischen Bestand. Erst einmal sattelfest geworden und mit der Gewißheit, diesem wunderschönen Sport mit Pferden langfristig treu zu bleiben, kann man späterhin alles das an Anschaffung nachholen, was man zu Beginn ausgespart hat. Der Vorteil ist dann gewiß auch der, daß man die selbst gemachten Erfahrungen und Beobachtungen beim Einkauf sehr gut verwenden kann.

Gehört zum Reiten sehr viel Zeit?

Zeitaufwand im Sport ist ein dehnbahrer Begriff, bei dem es darauf ankommt, möglichst klare Unterscheidungsmerkmale zu erkennen. Soweit es das Reiten betrifft, sind aus dieser Sicht mehrere Feststellungen zu treffen.
Die Zielvorstellung, sich durch trainingswirksames Reiten körperlich fit zu machen und zu halten, bedingt für die verschiedenen reiterlichen Altersschichten zeitlich gut erfüllbare »Normen«. Da die medizinische Lehrmeinung die Untergrenze des wirksamen Körpertrainings bei gesunden weiblichen und männlichen Sportlern zwischen 50 bis 70 Prozent der maximalen Kreislauffähigkeit annimmt, haben die Teilnehmer am Reitsport keinerlei Mühe mit der entsprechend intensiven und zeitlich dosierten Erfüllung ihres Trainingspensums. Die geforderte Mindestbelastung entspricht etwa bis zum 50. Lebensjahr einer Pulsfrequenz von 130 bis 150 Schlägen pro Minute, darüber hinaus einem fallenden Frequenzwert nach der Faustregel:
180 minus Lebensalter. Bei einem organisch gesunden 70jährigen Reiter begänne die trainingswirksame Kreislaufbelastung also etwa bei 110 Pulsschlägen in der Minute.
Positive Trainingsauswirkungen kann der erzielen, der täglich 10 Minuten oder dreimal in der Woche eine halbe Stunde diese Belastung erreicht. Der Reiter, der diese Zeiträume etwa durch Leichttraben mit seinem Pferd ausfüllt, liegt bereits deutlich über der trainingswirksamen Mindestbelastung. Bei seiner Arbeit mit dem Pferd kann er in der Regel sein Fitneßprogramm bereits zum Beispiel mit den sogenannten lösenden Lektionen abdecken.
Soweit ein Reiter nicht für ein eigenes Pferd verantwortlich ist, würde er also allein der Fitneß wegen keinen bedeutenden Teil von seiner Freizeit abzweigen müssen. Das ist natürlich insofern Theorie, weil es kaum einen Reiter gibt, der die Reitanlage seiner Wahl lediglich für dreimal 30 Minuten in der Woche aufsucht.

Im Leichttrab über hintereinander gestellte Cavalettis – Gymnastik für Pferd und Reiter

Anders ist es da mit dem Zeitbedarf, der durch die Pferde selbst entsteht. Denn wo nicht die Möglichkeit gegeben ist, ihnen täglich freien Auslauf zu gewähren, ist der Reiter daran gebunden, ihnen selbst ausreichende Bewegungsmöglichkeiten zu verschaffen, denn es ist unverantwortlich, ein Pferd 24 Stunden eines Tages sich selbst in seiner Box zu überlassen!

Die meisten Pferdebesitzer lösen dies Problem, soweit sie es mangels eigener Zeit nicht bewältigen können, dadurch, daß sie ihr Pferd verläßlichen Partnern anvertrauen, die dann für Pflege und Bewegung sorgen. Vielfach sind dies Mitglieder der eigenen Familie, Freunde oder, was die Mehrzahl ausmacht, tierliebende und reitbegeisterte Mädchen und Jungen, wie sie im Umfeld fast jeder Reitanlage zu Dutzenden anzutreffen sind.

In dieser Hinsicht kann Reitsport für den einzelnen Freizeitgestaltung sein, die ihn täglich mit Beschlag belegt, oder aber mit dem Erfordernis, die Betreuung des Pferdes verantwortungsbewußt zu organisieren. Natürlich übernehmen viele Reitställe diese Arbeit gegen entsprechende Bezahlung auch in ihre eigene Regie und stellen dadurch eine andere Möglichkeit für den Besitzer dar, den Zeitaufwand für sein Pferd so dosieren zu können, wie dies unter vielerlei Aspekten nötig sein kann.

Reitsport ist für den, der sich ihm einmal verschworen hat, eine ständige Quelle vielseitiger Erlebnisse, Anregungen und Aktivitäten; ein Fitneß-Reservoir, das bis in die emotionalen und geistigen Bereiche vordringt. Wer aber vermag zu messen, welcher Zeitaufwand aus diesem Blickwinkel tatsächlich veranschlagt werden müßte?

500 000 Pferde brauchen Partner

Unmittelbar nach der politischen und sportlichen Wiedervereinigung Deutschlands ergab eine Momentaufnahme des Pferdebestandes ein unerwartet freundliches Bild. Während der bis dahin westliche Teil der Bundesrepublik einen seit Jahren recht konstanten Bestand von 380 000 Groß- und Kleinpferden auswies, brachten die fünf neuen Bundesländer trotz langjähriger staatlicher Vernachlässigung von Pferdezucht und -sport erstaunliche 115 000 Tiere in den Verbund ein.

Es wird einige Jahre dauern, bis aus diesem rein rechnerischen Gesamtbestand des Jahres 1990 von knapp einer halben Million Pferde gefestigte Zahlen hervorgehen. Die Züchter und Reiter im Mittel- und Ostteil unseres Vaterlandes stehen in einem Prozeß der existentiellen Neuordnung, der Voraussagen über die künftige Stärke des Reit- und Fahrsports kaum zuläßt. Der bis zur Auflösung der DDR größtenteils im staatlichen Besitz befindliche Pferdebestand kann nur längerfristig und nur unter großen persönlichen Opfern der Pferdeleute auf die erforderliche private Grundlage gestellt werden.

In der Bundesrepublik werden es künftig 16 000 bis 18 000 Pferde sein, die jährlich dem Sport neu zugeführt werden; eine annähernd große Zahl wird jeweils ausscheiden. Stärkstes Pferdeland ist Nordrhein-Westfalen (87 000), gefolgt von Niedersachsen (82 000), Bayern (75 000) und an 4. Stelle Baden-Württemberg (59 000).

Und noch eine Faustzahl in diesem Zusammenhang:

38 Prozent des deutschen Gesamtbestandes sind Ponys und Kleinpferde.

Ein Ausflug ins Watt ist stets ein außergewöhnliches Erlebnis

Die ersten Sporen kosten Schweiß

Es beginnt auf der Stallgasse

In diesem Kapitel wird der heute immer häufiger vorkommende Fall unterstellt, daß sich der künftige Reiteleve, der bereits seit Tagen den Stall seiner Wahl beobachtend und zögerlich umkreist hat, seinem sportlichen Abenteuer ohne praktische Vorkenntnisse im Umgang mit Pferden nähert. Woher sollte er auch solche Erfahrung nehmen, da er wahrscheinlich weder auf einen großelterlichen Bauernhof noch sonstige Bezüge zu Stätten der Pferdehaltung und des Umgangs mit diesen Lebewesen verweisen kann? Dieser Mangel an unbeschwerter und nachhaltiger Begegnungsmöglichkeit mit Pferden betrifft heute mittlerweile nicht nur die jungen, sondern durchaus auch schon die fortgeschrittenen Jahrgänge derer, die zum Reit- und Fahrsport drängen. Der Vormarsch der Motoren in allen Bereichen unseres Alltags, der den letzten Jahrzehnten seinen Stempel aufgedrückt hat, machte ja letztlich selbst vor den Bauernhöfen nicht halt, und in vielen Dörfern muß man Pferde heute »mit der Lupe suchen«.

Des Reitschülers Frage ist also keineswegs die des einstigen Rekruten der kaiserlichen Kavallerie, bei dessen Eintritt bereits die wichtigsten Grundkenntnisse im Umgang mit Pferden vorausgesetzt wurden, sondern die, wie er sicher und auf kurzem Wege Zugang zu diesem wichtigsten aller Kapitel der Anfängerschulung bekommt.

Da die Dinge, die er jetzt lernen soll und muß, weder als besonders schwierig noch als besonders reizvoll erscheinen, ist von Anfang an die Gefahr im Spiel, die Notwendigkeit ihrer absolut sorgfältigen Beachtung und Ausführung zu unterschätzen. Aber jeder Reitschüler tut gut daran, sich mit den Grundregeln des Umgangs mit Pferden gewissenhaft auseinanderzusetzen, denn sie sind die auf einfache und einprägsame Formeln gebrachten Erfahrungen ungezählter Reitergenerationen.

Das Verhalten des Reiters in der »Wohnung der Pferde«, dem Stall, betrifft gleichermaßen die Sicherheit von Mensch und Tier, das Wohlbefinden der Pferde und die grundlegende Prägung ihres lebenslangen Verhaltens, außerdem das Niveau, aus dem sich diese Art Freizeitgestaltung und Sportausübung heute entfaltet.

Ein ganzes Reiterleben lang werden die Grundbegriffe des korrekten Verhaltens in Stall und Reitanlage und die Gewissenhaftigkeit im Umgang mit den so unterschiedlich reagierenden Stallbewohnern, den Pferden, gleichbleibenden Vorrang behalten. Allerdings beginnt nicht nur Horsemanship auf der Stallgasse, sondern auch die heute zunehmend und dringend erforderliche Verantwortung zur Eingrenzung von Risiken, die aus Unkenntnis, Fahrlässigkeit und dem wachsenden Defizit an natürlichem Umgang unserer Gesellschaft mit diesem Großlebewesen entstehen.

Für denjenigen, der einen Pferdestall betritt – das gilt für Reiter ebenso wie für jeden Besucher –, sind Ruhe und Aufmerksamkeit erste Pflicht.

Aber während der Besucher diese Regeln beachtet, um den Stallbetrieb und die Ruhe der Pferde nicht zu stören, tritt der Reitschüler diesem Ganzen jetzt mit der Absicht gegenüber, sich möglichst unauffällig und ohne andere zu behindern in diese Gemeinschaft einzureihen. Und das erfordert als erstes genaue Orientierung. Später einmal wird er alles das, was er jetzt erfährt und sich möglichst gründlich einzuprägen hat, wie im Schlaf nachvollziehen können. Und der Sinn der in allen Ställen, mögen sie noch so verschieden voneinander sein, wiederkehrenden Grundordnung wird ihm nach einiger Zeit ebenso in Fleisch und Blut übergegangen sein wie das Handwerkliche, das es jetzt zu erlernen gilt. Im von nun an stetigen Umgang mit den ihm anvertrauten Pferden wird sich eine Routine aus erprobten Handlungsabläufen, sicheren Handgriffen und einem unablässig wachsamen Auge auf das Tier und sein Umfeld ausprägen, die es ihm späterhin erlaubt, sich voll auf das Eigentliche des Reitens und des Eingehens auf das Pferd zu konzentrieren. Ein vergleichender Blick auf die Behandlung der »Pferdestärken«, die der Autofahrer zu regulieren hat, zeigt, daß auch hier die Handhabung des Fahrzeugs erst zur Routine geworden sein muß, bevor Sicherheit und Genuß des Fahrens gewährleistet sind.

Lernen mit Augen und Ohren

Jetzt aber steht der Anfänger zunächst einmal im Stall und versucht, Überblick zu gewinnen und Besonderheiten zu entdecken. Das Lernen mit Augen und Ohren hat begonnen ...

Schon bald wird er gewahr, daß die Betriebsamkeit auf der Stallgasse, etwa vor einer Reitstunde, durchaus keine willkürliche Ballung verschiedenartigster Aktivitäten darstellt, sondern einer unauffälligen Steuerung zu unterliegen scheint. Die Reiterinnen und Reiter, die sich hier mit ihren Pferden beschäftigen, achten in auffallender Übereinstimmung und ohne sichtbare Abstimmung darauf, wo und wie die Pferde zur Pflege aufgestellt und angebunden werden. Er sieht, daß auch sie, ähnlich den Seglern, ihre eigene Methoden haben, Stricke zu knoten, wenn sie ihre Pferde anbinden, und daß es keineswegs einerlei ist, wieviel Kopffreiheit sie ihrem Pferd beim Anbinden geben und welche Abstände sie dabei zu den anderen Paaren auf der meist engen Stallgasse halten.

Allein die Art, wie sie sich den Boxen ihrer Pferde nähern, erscheint dem Neu-

Beim Überstreifen des Stallhalfters wird erst das Pferdemaul in den geschlossenen Ring gesteckt (links), dann der Riemen von rechts nach links über den Hals gelegt und das Halfter schließlich links geschlossen

ling als ein kleines Ritual. Denn noch vor dem Öffnen der Boxentüren ordnen sie die mitgebrachten Halfter und Anbindestricke und schlüpfen dann zumeist mit dem linken Arm in das so entwirrte Ganze aus Leder und Hanf. Keine Angst, Übung macht auch hier den Meister.

Schon zu diesem Zeitpunkt, spätestens jedoch beim Öffnen der Tür sind dann die meisten von ihnen bereits in regelrechte »Gespräche« mit ihren Pferden vertieft. Auch das kurze Tätscheln der Pferde und dann der sichere Griff mit der Rechten zu Nasenbein oder Stirnschopf der Tiere gleichen sich doch auffallend. Ebenso die kurze Halbdrehung, mit der sie sich mit der rechten Schulter fast unter Kopf und Hals des Pferdes schieben um, den Kopf umfassend, ihre Rechte auf das Nasenbein zu legen. Derart mit dem Rücken zum Bug des Tieres gekehrt, vollziehen sie sodann das »Aufhalftern« als einen Akt mit nur wenigen Handgriffen.

Die meisten Pferde mögen diese Aktion und strahlen Aufmerksamkeit und Kontaktfreude aus, denn immerhin beginnt jetzt eine Phase der engen Berührung mit dem Menschen, die vergleichsweise auch den meisten anderen domestizierten Tieren gute Behandlung und Wohlbehagen signalisiert.

Das Pferd ist ein soziales Wesen. So, wie es selbst Kontakt sucht und Geborgenheit vermittelt, ist es für Anerkennung, Streicheln und liebevolle Behandlung empfänglich. Pferdeleute wissen dies aus eigenem Erleben, aber der Neuling muß diese gesicherte Erfahrung erst glauben lernen und möglichst selbst zu der Schlußfolgerung kommen, daß diese Großtiere mit ihrer Körpermasse und Kraft Zuneigungsbeweise des Menschen brauchen, die bei aller Sensibilität trotzdem auch das nötige Quantum an Robustheit enthalten, die diesen Gegebenheiten Rechnung trägt.
Es gibt kaum Schwierigkeiten, mit diesem so groß geratenen Tier emotionale Kontakte aufzunehmen. Im Gegenteil! Nur muß man dabei immer bedenken, daß allein der liebevolle Kopfstoß dieses starken Vierbeiners ausreichen kann, einen unaufmerksamen Reiter im wahren Sinn des Wortes umzuwerfen.
Auch der Neuling auf der Stallgasse lernt sehr schnell zu erkennen, daß dennoch in jedem der Tiere ein eigener Charakter und mancherlei unterschiedliche Äußerungsformen stecken. Aufmerksamkeit für jedes Pferd ist also geboten, und langweilig wird's nie bei den Vierbeinern.

Keine Angst vor großen Tieren

Natürlich tritt der Reitanfänger seinen ersten Gang zur Box des für ihn ausgewählten Pferdes nicht ohne vorherige Einweisung durch den Reitlehrer und

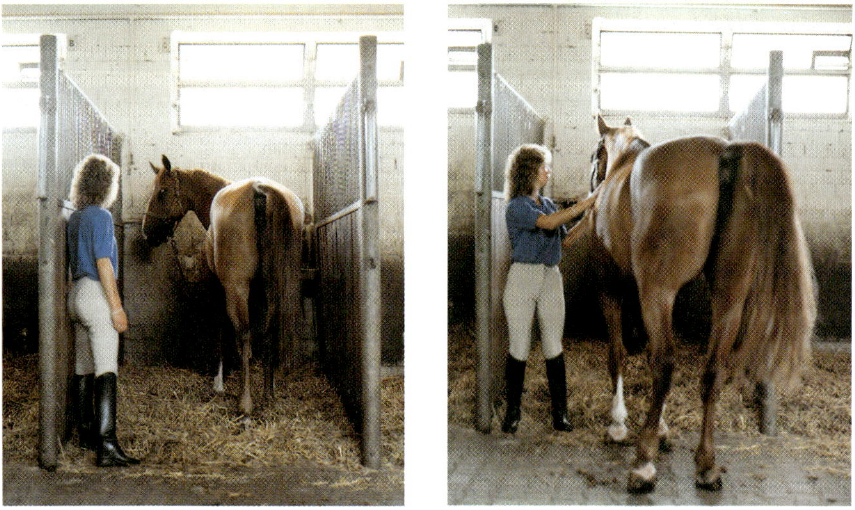

Einem in der Box stehenden Pferd nähert man sich stets von links hinten. Das Pferd wird nun rückwärts – der Reiter steht links neben ihm – aus der Box dirigiert

ohne dessen Begleitung an; dennoch dürfte es auch vorab schon nützlich sein, sich folgendes einzuprägen:

- Grundsätzlich nähert man sich einem Pferd von vorn.
- Ebenso grundsätzlich spricht man ein Pferd, dem man nähertritt, zuvor in ruhigem Ton an (es genügt zumeist ein einfaches »Ho« oder »Ho-la«, und man sieht, ob das Pferd das Herankommen bemerkt).
- Es gilt generell, Pferde, die in Ruhestellung verharren, nicht durch unbemerktes Herantreten oder andere plötzliche Aktionen zu erschrecken. Und da Pferde natürlich in ihrer Box nicht immer mit dem Kopf zur Tür gewandt anzutreffen sind oder auch oftmals zur Pflege auf der Stallgasse quer zur Laufrichtung angebunden stehen, sind diese Stimmsignale und immer ruhiges Auftreten für die Sicherheit vonnöten. Da sich bei den Pferden auf der Stallgasse zumeist die dazugehörigen Reiter oder Pfleger aufhalten, ist es natürlich höflich und einfach zugleich, diese anzusprechen, um heran- oder vorbeikommen zu können.
- Ruhiges Auftreten gegenüber Pferden heißt generell, überhastete und für das Pferd unerwartete Bewegungen oder sonstige Aktionen zu vermeiden. Im übrigen geht es aber darum, ihm sicher und energisch gegenüberzutreten.

Dieses alles mag jetzt den Eindruck erwecken, als handele es sich bei Pferden um furchterregende Geschöpfe. Das sind sie gewiß nicht. Es geht lediglich um den Hinweis, daß Pferde in der Schnelligkeit ihrer vitalen Reaktionen und in ihrer Kraft dem Reiter in jenem Moment weitaus überlegen sind, wenn dieser nicht mit Vorbedacht auf eine Situation und die daraus entstammende Reaktion des Pferdes vorbereitet ist. Scheu bleibt im Leben eines Pferdes immer ein zu beachtender Faktor. Furcht kann man ihm mit Einfühlsamkeit und Ausdauer durch das Sammeln gemeinsamer Erfahrungen in wesentlichem Maße nehmen.

Reiter sagen dann gerne, daß ihr Pferd lesen und schreiben könne. Damit ist im Grunde nicht mehr und nicht weniger gemeint, als daß man gemeinsam unendlich viele Situationen des oftmals gleichermaßen überraschenden wie neuen Empfindens, also Erfahrungen, hinter sich gebracht hat.

Es gibt sie tatsächlich, die Legion erprobter Pferde, die im Vertrauen auf ihre Reiterinnen und Reiter im wahren Sinn des Wortes »durch Dick und Dünn« geht, und es ist keine Legende, daß Pferde ihrem vertrauten Reiter auch in Situationen zu folgen bereit sind, selbst wenn deren Umstände jeglicher Vernunft widersprechen.

Deshalb also die Sorgfalt im Umgang mit diesem hochkarätigen Lebewesen, und deshalb auch der unverzichtbare Respekt, mit dem wir seinen, in Jahrtausenden unverbildeten natürlichen Anlagen auch heute noch entgegenkommen müssen.

Das Pferd, mit dem man eigene optimale Fitneß und unverstellte Freizeitfreuden erwerben und genießen möchte, ist kein technisches Erzeugnis, sondern ein Le-

Sorgfalt ist den Distanzreitern schon lange erste Pflicht. Nur ein gesundes Tier wird mit seinem Reiter durch »Dick und Dünn« gehen

bewesen mit eigener Individualität, das, wie wir selbst, unentwegt Lernprozessen ausgesetzt ist. Aber gerade das ist es wohl, was Körper, Geist und Seele der echten Pferdeleute bewegt und zu einer urtümlichen Art der Fitneß treibt, die lebenslang und mit erstaunlichen Ergebnissen zu wirken vermag.

Den deutschen Pferdezuchten entstammen heute kaum noch Tiere, deren Anlagen eine Nutzung für Freizeit und Sport ausschließen. Zumeist sind die negativen Fälle im Verhalten eines Pferdes sogar der Unzulänglichkeit menschlicher Einwirkung auf sein Werden und Wachsen oder außergewöhnlichen Ereignissen zuzuschreiben.

Insgesamt ist es wohl in der Hauptsache ein psychologisches Problem, daß beispielsweise die Gefährdung durch Reitunfälle häufig weit überschätzt wird. Der Reitsport wird nach den Untersuchungen der Sportmedizin in der Unfallhäufigkeit von vielen anderen Sportarten, wie Skilaufen, Fußball usw., weit übertroffen. Und bemerkenswert ist dabei noch, daß sowohl nach den Statistiken als auch nach den Aussagen der von Unfällen betroffenen Pferdeleute diese Mißgeschicke vermeidbar gewesen und künftig vermeidbar wären. Interessanterweise ereignet sich ein großer Teil der Unfälle übrigens gar nicht beim Reiten selbst, sondern im fehlerhaften allgemeinen Umgang mit den Pferden.

Die normalen Risiken im Sport, das ist besonders für Reitanfänger wichtig zu wissen, lassen sich nicht in jeder Sportart derart wirkungsvoll eingrenzen wie beim Reiten. So merkwürdig dies auch anmuten mag, wo es doch die Reiter in ihrem Sport als einzige mit einem Großtier als Partner zu tun haben, so gehört es doch zu den wichtigsten Erkenntnissen. Objektiv hat der Reiter eine Reihe herausragender Möglichkeiten, die Unfallgefahr wirkungsvoll einzugrenzen. Vorrangig gehören dazu:

- solide Kenntnisse im Umgang mit Pferden,
- gute Ausbildung von Reiter und Pferd,
- einwandfreie Ausrüstung,
- stete Aufmerksamkeit und ein beständiges Vorsorgedenken.

Durch Beachtung dieser Faktoren wäre in der Vergangenheit mindestens jeder zweite Unfall vermeidbar gewesen. Die Reiter haben es tatsächlich selbst in der Hand, ihren Sport aus dem Mittelfeld der Unfallstatistik zumindest bis ins untere Drittel der sportlichen Risiken zu manövrieren.

Vom ersten Umgang mit dem Pferd

Den ersten Kontakt zum Pferd sollte ein Anfänger also nie ohne fachkundige Begleitung suchen. Dieses Gebot gilt nicht deswegen, weil die Pferde gefährlich wären, sondern weil der unbedarfte Neuling in solcher Lage ungewollt zu vieles falsch machen könnte. Es kommt zum Nutzen des Schülers und auch des Pferdes darauf an, statt zaudernder Annäherungsversuche im Alleingang die wenigen, jedoch wichtigen Verhaltensregeln unter Aufsicht richtig anzuwenden und sich Irritationen oder sogar Mißerfolge zu ersparen. Pferde merken sich so etwas und können einen unsicheren Neuling ganz schön zum Narren halten. Den großen Augenblick, zum erstenmal einem Pferd ein Halfter anzulegen, sollte sich kein Schüler voreilig durch unsachgemäßes Verhalten verderben. Mit der fachkundigen Aufsicht im Rücken – diese hat zuvor eigens versichert, daß das Pferd, obwohl es ausgerechnet jetzt mit dem Hinterteil zur Boxentür steht, absolut harmlos sei – beginnt die erste große Handlung im Leben eines Reiters. Das Pferd wird angesprochen; mit dem Namen, den man natürlich erfragt hat, oder aber auch mit einem Allerweltsausdruck wie »Ho-la«. Dann wird die Boxentür geöffnet, und ein erster kräftiger Klaps auf die Kruppe oder ein Puff mit dem Ellenbogen soll bewirken, daß sich das Pferd umdreht. Es gilt jetzt in aller Ruhe, jedoch auch zügig den Kopf des Pferdes zu fassen. Wie vorher schon beschrieben, ist das weitere Vorgehen eine Sache weniger Sekunden. Mit dem rechten Arm umfaßt er unter dem Hals her den Kopf und greift mit der Hand auf das Nasenbein.

Seine Linke führt den ringförmigen unteren Teil des Halfters an der linken Kopfseite bis unter das Pferdemaul. Jetzt kann die rechte Hand vom Nasenbein her das Halfter greifen, vorsichtig nach oben ziehen und, von der linken Hand von unten führend unterstützt, über Maul und Nüstern aufwärts in die richtige Stellung bringen. Dann wird noch der Nackenriemen des Halfters mit der Rechten über den Mähnenkamm des Pferdes gelegt. Der Reiter tritt nun wieder unter dem Pferd hervor und verschnallt den Riemen an der linken Kopfseite.

Dieser Vorgang, der, wie auch später das Satteln und Trensen, schwieriger zu beschreiben, als in der Praxis auszuführen ist, wird natürlich im Reitunterricht vorgemacht und eingeübt. Seine ausführliche Erwähnung an dieser Stelle dient dem Zweck, zu verdeutlichen, daß es wichtig ist für den Reitanfänger, sich auch in Gedanken ausführlich und immer wieder mit dem Lernstoff auseinanderzusetzen.

Denn so etwas gehört zum Einmaleins des Reitsports und darf später gar nicht mehr als Objekt längeren Nachdenkens in Erscheinung treten. Es muß zur sorgfältigen Routine werden. Ein Reitanfänger sollte sich selbst zur Pflicht machen, jeden seiner Schritte in dieses Neuland durch Nach-denken, Nach-lesen und Nach-fragen nachzuvollziehen. Erst wer die Begründung und die Logik einer Regel gedanklich klar mitvollzogen hat, wer ihren Sinn erkannt und anerkannt hat, macht sie sich auch wirklich zu eigen. Im Umgang mit Pferden strotzen die Lernschritte nur so vor zigtausendfacher Erfahrung, und so verwundert es nicht, daß die Regeln, wie etwas gemacht werden muß, von einer noch größeren Anzahl Regeln, wie etwas nicht gemacht werden darf, übertroffen werden.

Die linke Seite des Pferdes ist die Aktionsseite des Reiters zu Fuß

Die ersten Manöver zu Fuß

Die linke Seite des Pferdes ist die Aktionsseite des Reiters zu Fuß. An dieser Seite gehend führt er das Pferd, und auf diese Seite ausgerichtet ist nach uralter Übereinkunft auch die Ausrüstung des Pferdes. Halfter und Trensen werden an dieser Seite verschnallt, von hier aus wird der Sattel angelegt, der Sattelgurt bedient; und an dieser Seite steigt der Reiter auf und ab. Abgesehen davon, daß die Gewöhnung des Pferdes an solcherart notwendige Verrichtungen bei Konzentration auf nur eine Seite leichter und schneller vonstatten geht, ist es in bezug auf die Wahl der linken Seite in erster Linie die Rechtshändigkeit der meisten Reiter, die hier schon in alter Zeit den Ausschlag gegeben hat.

Wenn also der Anfänger erstmals mit dem Halfterstrick in seiner Rechten links neben dem Kopf seines Pferdes aus der Box tritt, aufmerksam darauf bedacht, daß ihm sein neuer Freund nicht schon zwischen Tür und Angel in die Freiheit enteilt oder die Zentnerlast seiner Hufe auf einen Fuß setzt, dann steckt er schon mitten in jenem Lernprozeß, der angeblich bei jedem Schritt neue Erfordernisse bereithalten soll.

So wie seine Frage, warum er sein Pferd nicht gleich in der Box putzen und pflegen dürfe, gleich mehrere Antworten auslöste, wird es von jetzt ab, dessen darf er sicher sein, bei allen seinen weiteren Aktionen bleiben.

Pferde werden grundsätzlich außerhalb ihrer Box, zumeist auf der Stallgasse, in vielen Ställen jedoch an eigens dafür vorgesehenen Plätzen geputzt und gesattelt, weil dies sicherer, zweckmäßiger und aus dem Blickwinkel Sauberkeit und Stallhygiene empfehlenswerter ist. Die Box als Intimbereich kann für die sensiblen unter den Vierbeinern durchaus ein Ort sein, dessen Geborgenheit sie nicht gern stören lassen, und dessen relative Enge sie nicht auch noch gerne teilen. Der Reiter indes, der seine Putzarbeit am Pferd, ständig auf der unebenen Strohunterlage balancierend, ausführen will, halst sich damit unnötige Erschwernisse auf, und die Pflege der Hufe müßte er dennoch außerhalb der Box erledigen. Und wer einmal beobachtet hat, wie vergnüglich ein Pferd oftmals an der Einstreu seiner Box herumknabbert, der muß es von sich aus für ausgeschlossen halten, die zumeist doch beträchtlichen Mengen an Putzdreck und Haarbüscheln an diesem Ort zurücklassen zu dürfen.

Aber zurück zur Boxentür, aus der der neue Jünger der Reitkunst erstmals mit seinem Pferd ins Freie strebt. Zielkundig und ohne dabei sein Pferd anzublicken – es wird dadurch in der Regel irritiert –, steuert er auf den Platz zu, an dem er sein Pferd versorgen kann. Da er sich in einem vorzüglichen Reitstall befindet, laden ihn festverankerte Ringe an der Wand ein, sein Pferd anzubinden und auch gleich im ausreichenden Abstand zu anderen Reitpartnern aufzustellen. Das muß aber nicht so sein, und dann gilt der Grundsatz: Niemals das Pferd an ein bewegliches oder verrückbares Ele-

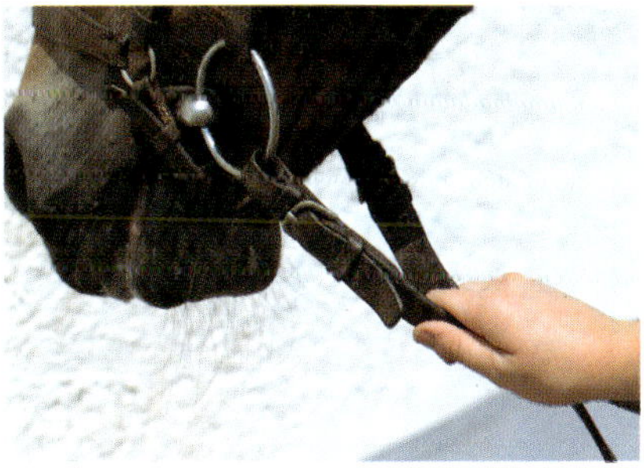

Die richtige Zügelhaltung beim Führen des Pferdes

ment – etwa das Gitter einer Stalltür – anbinden! Es hat schon abenteuerliche Ereignisse in dieser Hinsicht gegeben. Und noch eins: angebunden wird ein Pferd nur, wenn es ein eigens dafür geschaffenes Halfter trägt. Die in europäischem Stil ausgebildeten Pferde in Westernmanier mit Hilfe des Trensenzügels anzubinden wäre sträflicher und teurer Leichtsinn.
Die Demonstration dessen, was der lernbegierige Neureiter schon bei seinen ersten Schritten im Stall zu beherzigen hat, mag mit ein paar Bemerkungen zum Führen eines Pferdes an der Hand ausklingen.
Jeder Neuling ist natürlich wild entschlossen, das Pferd, das er von A nach B zu führen hat, nicht etwa loszulassen, auch wenn es vielleicht recht temperamentvoll an seiner rechten Seite tänzelt. Natürlich hat er auch sofort begriffen, daß ausreichender Abstand beim Führen Selbstschutz ist und daß es unter Umständen eines gehörigen Kraftaufwandes in Arm und Hand bedarf, Halfterstrick oder Zügel festzuhalten. Niemals darf er jedoch deswegen auf die Idee kommen, sich diese um die Hand zu schlingen. Er könnte bei plötzlichen Reaktionen des Pferdes nicht rechtzeitig den Zügeln oder dem Strick mehr Spielraum geben und würde sich selbst in Gefahr bringen.
Auch Kehrtwendungen mit dem Pferd, die manchmal erforderlich sind, haben für den führenden Reiter ihre feste Regel. Grundsätzlich wird das Tier mit einer Rechtswendung umgekehrt und nicht etwa mit einer vermeintlich angenehmeren Linkskurve in die Gegenrichtung bugsiert. Der Grund ist auch hier doppelt gegeben: Zum einen tritt das nach rechts gewendete Pferd vom Reiter weg und bringt dessen Füße nicht in Gefahr, zum anderen, und das ist der bedeuten-

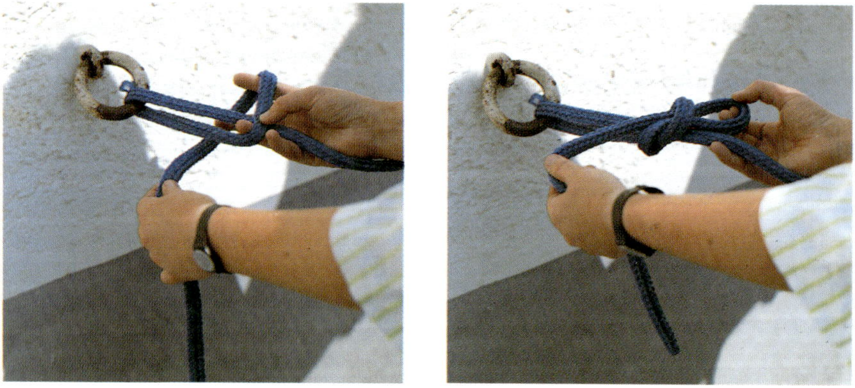

Ein Gordischer Knoten sollte es nun nicht sein. Dagegen läßt sich ein solcher wie oben abgebildet notfalls mühelos mit einem Zug wieder aufziehen

dere Grund, kommt der Führende nicht in Versuchung, das Pferd zu eng um seine eigene Achse zu drehen. Wendungen dieser Art schaden den Gelenken und dem Bänderapparat der Tiere.
Die meisten Führ- oder Anbindestricke sind heute mit äußerst zweckmäßigen Sicherheitsverschlüssen ausgestattet, mit deren Hilfe man sie in den Halfterring unterhalb der Ganaschen (Kinnladen) des Pferdes einfach nur einklinkt. Ist ein solcher Verschluß nicht vorhanden, gibt es zur Lösung dieses Problems einen Knoten, mit dem man den Strick so befestigen kann, daß man ihn notfalls mit einem einzigen Ruck an seinem Ende auch wieder lösen kann. Diesen Knoten muß man beherrschen, denn er ist derselbe, den man beim Anbinden so gut wie immer und darüber hinaus bei zahllosen anderen Gelegenheiten benötigt. Wie man ihn schlingt muß man sich zeigen lassen und so lange üben, bis man es beherrscht. Denn man darf ziemlich sicher sein, daß man einen unsachgemäß verknoteten Strick, den das Pferd mit seiner Riesenkraft einmal zugezogen hat, nicht so schnell wieder aufbekommt.

Pflegen und Füttern nach festen Regeln

Nun aber steht das Pferd endlich an dem Platz, an dem es geputzt, später aufgetrenst und gesattelt werden soll. Und dies ist der Ort, an dem das eigentlich Sportliche im Alltag des Reiters einsetzt. Was der Neuling bisher vielleicht noch gar nicht durchschaut hatte, das wird ihm jetzt in einer Stunde gründlicher Pferdepflege zur nachhaltigen Erkenntnis: Diese Arbeit hat es in sich. Wer sie korrekt und zügig ausführt, muß schon über eine gute Kondition verfügen, um dabei keinen Schweiß vergießen zu müssen. Fitneßtraining der Reiter, über das kaum viele Worte gemacht werden, das aber nicht unwesentlich dazu beiträgt, die allgemeine körperliche Verfassung auf Dauer positiv zu beeinflussen.
Aber diese Arbeit hat noch einen ganz anderen bedeutenden Aspekt. Sie vor allem ist es, die Vertrautheit zwischen Reiter und Pferd herstellt und die Unsicherheiten im Umgang miteinander abbaut. Gerade erfahrene Reiter, die ein ihnen völlig fremdes Pferd zu reiten beabsichtigen, werden es nie versäumen, dieses Pferd vor dem Ritt zunächst einmal selbst zu putzen und zu satteln, um

Das »Manikürset« für die gründliche und sorgfältige Pferdepflege

in engen Kontakt mit ihm zu kommen und sein Wesen zu studieren.
Es sind ganz einfache und vielfach erprobte »Werkzeuge«, mit denen ein Pferd gepflegt wird. Striegel und Kardätsche, Wurzelbürste und Schwamm, Mähnenkamm und Hufräumer, dazu ein paar saubere Lappen, Huffett und ein dazugehöriger Pinsel erfüllen bereits die wichtigsten Anforderungen in diesem Bereich. Aber unerläßlich für den Anfänger ist es auch hierbei wieder, sich in den sachgemäßen Gebrauch dieser Gegenstände einweisen zu lassen, und vor allem auch, seine Augen für die Feinheiten der Pflege offenzuhalten. Er muß zum Beispiel lernen, mit welchen Gerätschaften man sich nicht am Kopf des Pferdes zu schaffen macht, oder wie man seine Füße anhebt und worauf es ankommt, wenn man den Huf reinigt und einfettet. Solche Lektionen lernt man schnell, aber man sollte nicht versäumen, sich darüber aufklären zu lassen, warum es auch bei der Pflege des Tieres wichtig ist, nach System vorzugehen und nicht etwa von einer Tätigkeit und Stelle am Pferd zu entsprechend anderen zu hüpfen.
Der Reitanfänger wird sich schnell daran gewöhnen, daß aufmerksames, ruhiges und systematisches Arbeiten im Stall nicht nur ein wichtiges Kriterium für das Verhalten der Pferde darstellt, sondern daß es auch ihm selbst von großem Nutzen ist. Gleichmäßige und systematische Arbeitsabläufe ersparen Zeit und helfen, Versäumnisse und Fehler auszuschalten. Das gilt für die Pflege des Pferdes ebenso wie für die regelmäßig erforderliche Überprüfung der Ausrüstung. Der

Die gründliche Stallreinigung, wie zum Beispiel das Ausmisten, gehört für die Pferdeleute zur täglichen Routine

versäumte kontrollierende Blick zum Beispiel in die Selbsttränke in der Box kann die fatale Folge haben, daß der vierbeinige Sportgefährte unter Umständen wegen Verschmutzung oder Verstopfung der Tränke viele Stunden ohne Wasser bleibt.
In den meisten Reitställen werden das Füttern der Pferde und die Pflege der Boxen (Entmisten und Einstreuen) in die Verantwortung sachkundigen und verläßlichen Stallpersonals gegeben. Dennoch muß jeder Reiter die Kenntnis und die Fertigkeit erwerben, diese Arbeiten auch allein in voller Verantwortung ausführen zu können. Zusammensetzung und Menge des Futters, auch die oft jahreszeitlich unterschiedlich angelegten längerfristigen Futterpläne, die Häufigkeit

von Fütterung und gründlicher Stallreinigung ebenso wie die aktuellen Fütterungszeiten, kurzum, die ganze Bandbreite dieses Themas und der daraus resultierenden Tätigkeiten gehört nicht nur zu seinen anfänglichen »Schularbeiten«, sondern hat ihn, solange er Verantwortung für Pferde übernimmt, ständig zu interessieren.

Allerdings sollte er sich davor hüten, sich gegenüber diensttuendem Stallpersonal als Kritikaster aufzuspielen. Wenn er etwas zu beanstanden hat, ist dies ein Fall für den Hauptverantwortlichen eines Stalles.

Und noch eine Grundregel für sein eigenes Verhalten im Stall: Jeder ist mitverantwortlich für die Ordnung. Jeder entfernt die Verunreinigungen, die er mit seinem Pferd hinterläßt, selbstverständlich selbst. Das Prinzip, Gegenstände, die man benutzt hat, an ihren Aufbewahrungsort zurückzubringen, gilt natürlich ebenso kompromißlos für die Ordnung in der Sattelkammer. Der Umgang mit Pferden ist untrennbar an Selbstdisziplin und Ordnung gebunden.

Zäumen und Satteln

Bis zu diesem Zeitpunkt hat der Reitschüler wahrscheinlich mit einiger Verwunderung zur Kenntnis genommen, daß es von dem geputzt auf der Stallgasse stehenden Pferd bis zur Reitbahn immer noch ein großes Stück Weges zu sein scheint. Noch fehlen das Zäumen

Aufzäumen:
1. Trensenzügel über den Hals legen, um das Pferd festhalten zu können

2. Die Trense hängt über dem linken Arm, während Schnalle und Karabinerhaken des Stallhalfters geöffnet werden

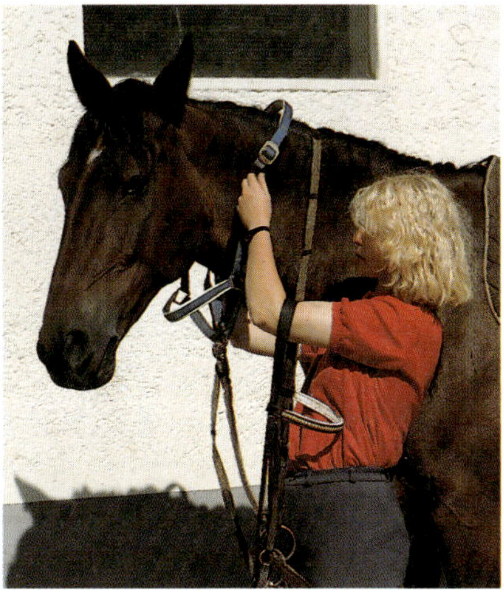

3. Stallhalfter soweit abnehmen, daß das Maul aus dem Nasenriemen heraus ist, lose über den Hals legen und wieder schließen

4. Mit der rechten Hand von der rechten Seite die Nase des Pferdes fassen und den Kopf tiefhalten…

5. … mit den Fingern die Trense am Kopfstück nehmen, und mit der linken Hand das Gebiß einlegen

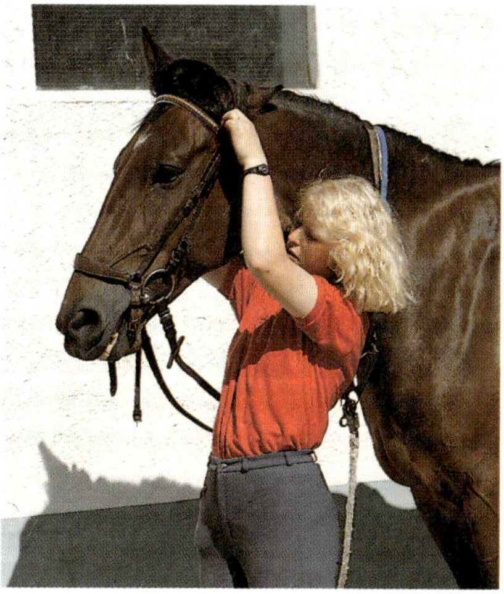

6. Ist das Gebiß im Maul, sofort das Kopfstück über die Ohren streifen. Den Stirnschopf über das Stirnband legen

7. Kehlriemen so locker schließen, daß eine aufrechte Faust zwischen Kehlriemen und Kehle Platz hat

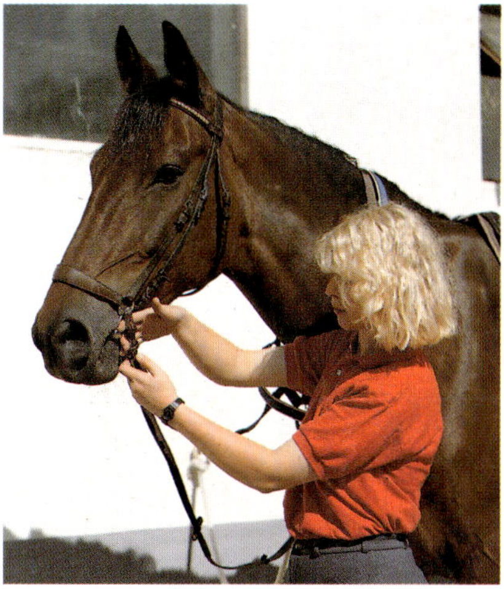

8. Beim Hannoverschen Reithalfter wird der Kinnriemen so vor dem Gebiß geschlossen, daß noch 2 Finger hineinpassen

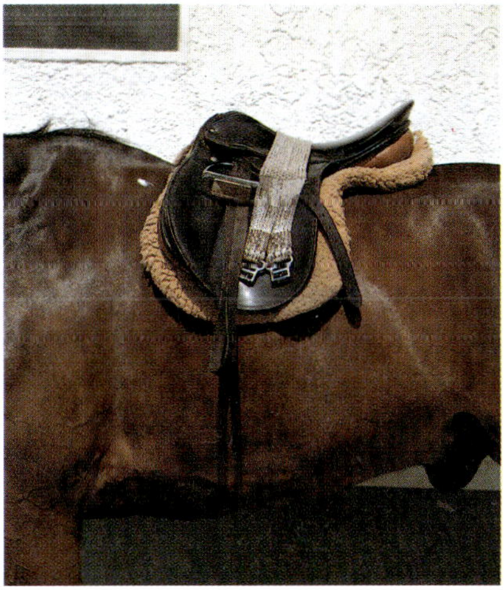

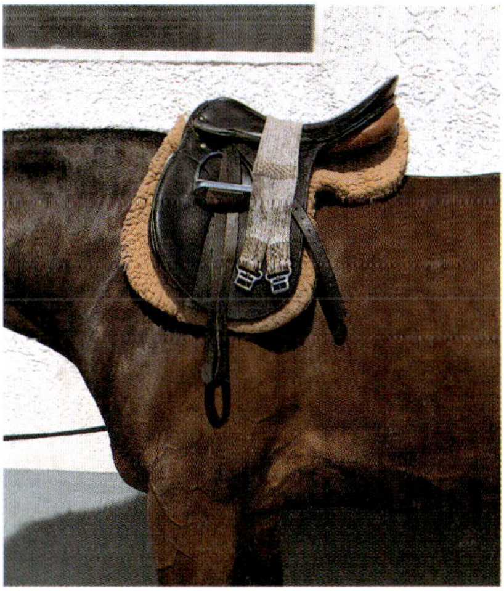

Sattellage: Auf der linken Abbildung liegt der Sattel zu weit hinten und belastet dadurch die empfindlichen Nieren des Pferdes. Rechts liegt er zu weit vorne, er engt somit die Schultern des Pferdes und damit die Bewegung ein

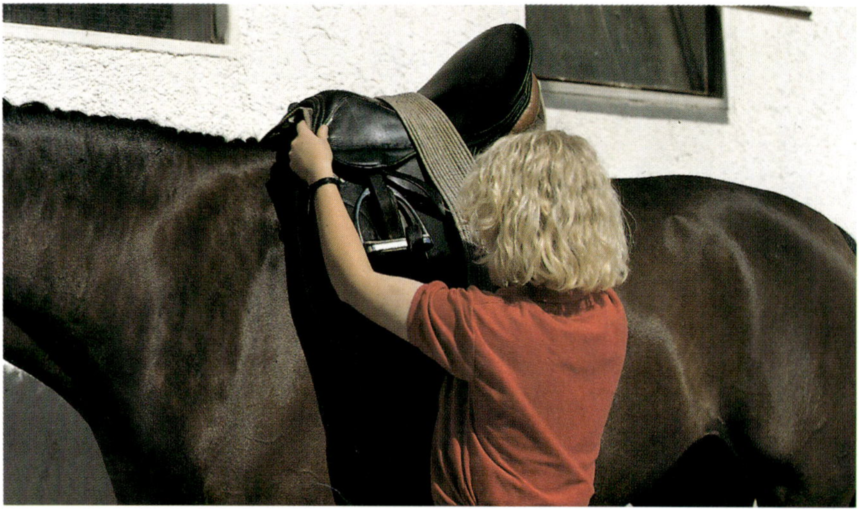

Satteln: Liegt der Sattel korrekt, wird die Satteldecke hoch in die Sattelkammer gezogen, um keinen Satteldruck zu erzeugen

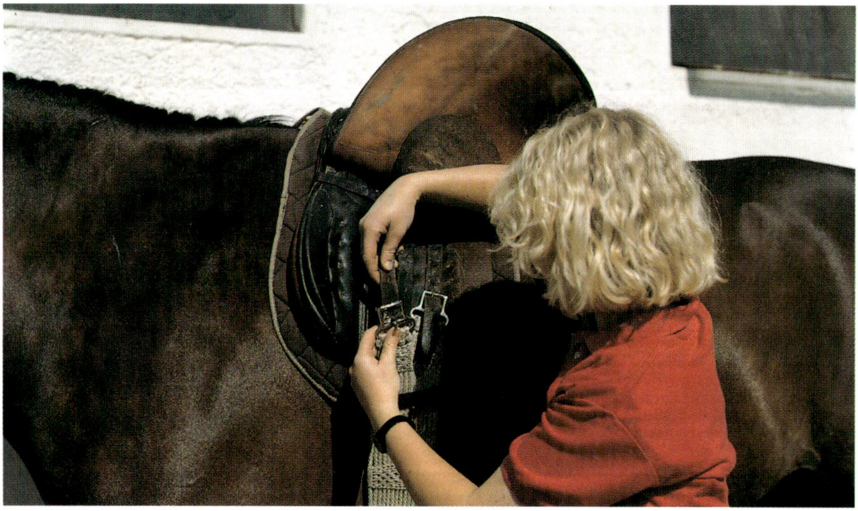

Der Sattelgurt wird abgenommen und unter dem Bauch des Pferdes nach links geführt. Das linke Sattelblatt wird hochgeschlagen und die beiden Gurtstruppen zunächst nur locker verschnallt

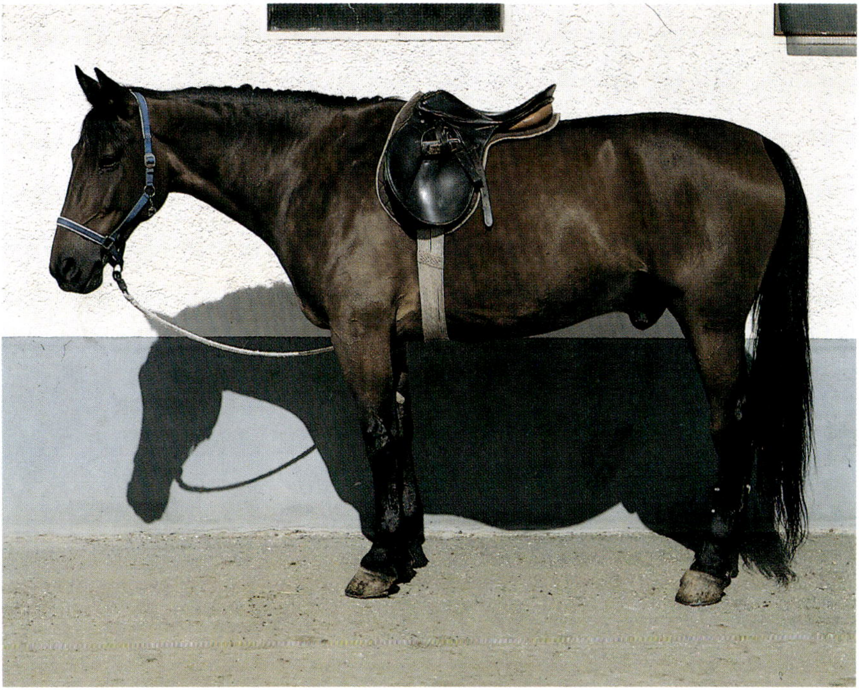

Im tiefsten Punkt liegt der Sattel richtig. Der Sattelgurt liegt dann etwa eine Handbreit hinter dem Ellbogengelenk des Pferdes

und Satteln, noch weiß er nicht, was es zum ersten Aufsitzen zu beachten gilt, und an das, was danach kommt, wagt er im Moment überhaupt noch nicht zu denken.

Aber er kann sich trösten. Die Einzelheiten dieses technischen Ablaufs sind nicht umsonst mit größter Genauigkeit in jeder guten Reitlehre beschrieben. Da sie das Kapitel des eigentlichen Reitens eröffnen, geschieht jetzt zunächst nichts mehr, was nicht im absoluten Blickfeld des Reitlehrers läge. Denn auch diesen läßt es nicht kalt, ob seine Schülerin oder sein Schüler wegen eines nicht richtig angegurteten Sattels oder einer nicht verschnallten Trense schon unmittelbar nach dem geplanten Aufsitzen wieder zu den Fußgängern gehört.

Der Anfänger sollte sich also ohne Beklemmung und innere Verspanntheit an diese Abläufe heranführen lassen, genau hinhören und -schauen und immer daran denken, daß vor ihm schon Abermillionen diese anscheinend schwierigen Vorgänge gemeistert haben.

Gleichgewichts- und Haltungsfragen

Im Vorfeld dieser Lernstufe ist es wichtig, sich zu vergegenwärtigen, was das Bestreben des Lehrers in den kommenden Reitstunden sein und welche Ziele er den Schülern stecken wird.
Reitunterricht ist aus dieser Perspektive ein Streben nach nur zwei, dafür aber komplexen Fertigkeiten. Es geht erstens um den guten Sitz des Reiters und zweitens um seine Fähigkeit, durch koordinierte Hilfengebung das Pferd in den ihm zur Verfügung stehenden Gangarten planvoll und korrekt zu führen.
Während allerdings der Anfänger ganz zwangsläufig geneigt ist, unter dem Sitz zu Pferde überwiegend das Nichtherunterfallen zu verstehen, ist es das erklärte Unterrichtsziel, den ausbalancierten und losgelassenen Sitz des Reiters zu erreichen, weil dieser die Grundlage aller reiterlichen Einwirkung auf das Pferd darstellt. »Ausbalanciert« heißt hierbei in etwa, nach allen Seiten der Bewegungen des Pferdes gewärtig und im Gleichgewicht zu sein; unter »losgelassen« wird das unverkrampfte, elastische und doch

So sitzt der Reiter richtig. Knie und Fußspitzen liegen jeweils auf einer Linie, und die Unterarme bilden die geradlinige Fortsetzung der Zügel

An der Longe des Lehrers läßt sich schnell und sicher das Gefühl für richtigen Sitz und Balance entwickeln. Oft wird hierbei sogar ganz auf Sattel und Steigbügel verzichtet

voll koordinierte Zusammenspiel der Glieder- und Muskelfunktionen im Sitz über dem Schwerpunkt des Pferdes verstanden.

Von entscheidender Bedeutung für die Einwirkung auf das Pferd ist das Gewicht des Reiters. Aber hierbei zählt nicht, wieviel Kilogramm das Pferd zu tragen hat, sondern welche Position das Gewicht auf dem Pferderücken einnimmt. Da das Pferd immer bestrebt ist, im Gleichgewicht zu bleiben und seinen eigenen Körperschwerpunkt immer exakt unter dem Schwerpunkt des Reiters zu halten, entsteht aus bewußten Gewichtsverlagerungen des Reiters eine Einwirkung auf die Bewegungen des Pferdes. Legt er zum Beispiel sein Gewicht nach links, wird das Pferd versuchen, nach links zu treten, um wieder unter den Schwerpunkt des Reiters zu kommen.

Um das Pferd später nach seinem Willen steuern zu können, wird der Reiter nach der klassischen Reitlehre also zunächst veranlaßt, für seinen Sitz die optimale »Mittelpositur« zu suchen, auszubalancieren und losgelassen zu bewahren. Das erfordert Übung, beschert Muskelkater und bringt auch manchmal etwas Frust mit sich, wenn die Koordination der vielen hierbei mitspielenden Körperfunktionen noch nicht so schnell gelingt.

An der Longe des Lehrers

Aus welcher Erfahrung ein Reitlehrer seine Anfänger erstmals aufs Pferd oder Pony setzt ist unterschiedlich. Ob er sie auf ungesatteltem Pferd zunächst an die Longe nimmt, um ihnen ein erstes Sitz- und Balancegefühl zu vermitteln (ein oftmals bei Kindern und Jugendlichen bevorzugter Einstieg), oder ob er sie unter Beachtung besonderer Vorsicht auf dem gesattelten Pferd, zuweilen mit hochgeschlagenen Bügeln, erste Versuche machen läßt, ist hierbei eigentlich nicht entscheidend. Der Schüler muß nur selbst wissen, um was es geht, denn er ist es ja, der aktiv ans erste dieser Ziele gebracht werden soll. Wobei natürlich hier hinzugefügt sei, daß nicht die »Mittelpositur« allein den Sitzenden auf Dauer glücklich macht und er noch weitere Sitzpositionen nach Gangart und Aufgabenstellung zu erlernen haben wird. Aber für den Anfang mag das genügen und zurecht auch befriedigen.

Die sogenannten Reiterhilfen

Von nicht geringerer Komplexität ist das zweite Zielfeld des Anfängers. Die Hilfengebung, von der soeben beim Gewicht schon die Rede war, stellt sich zunächst etwas verwirrend als eine Lernaufgabe dar, an der Gefühl und Intellekt gleichermaßen beteiligt sind. Gewichts-, Zügel- und Schenkelhilfen, so hat man gehört, seien die wichtigsten. Stimme, Sporen, Gerte und andere Tricks seien später dann auch noch weitere Mittel, die an diese Hauptsachen angrenzten.

Der Anfänger sollte erleichternd wissen, daß dann, wenn er einmal die Bedeutung des Zusammenspiels von Gewicht, Zügel und Schenkel und seine Auswirkung auf das Pferd auch nur bei einem einzigen Kommando erfolgreich ausprobiert hat, das eigentlich Schwierigste schon bereits hinter ihm liegt. Denn nicht nur diese Synchronisation der drei verschiedenen Hilfen bleibt für alle fernere Einwirkung auf das Pferd sozusagen als ständiger Dreiklang erhalten, sondern auch das Grundmuster ihrer gleichzeitigen Anwendung. Hände und Zügel, Kreuz und Gesäß, Schenkel und Knie werden von nun an zu einer Aktions- und Funktionseinheit geformt und trainiert. Was für den Körper des Reiters anfangs eine völlig ungewohnte Kombination gleichzeitig erforderlicher Muskel- und Gelenkfunktionen ist – also der neuen Einübung bedarf –, wird sich später einmal zum »Reitergefühl« entwickeln. Dann nämlich, wenn es gelingt, auf das Pferd im richtigen Verhältnis der Hilfen zueinander, in der richtigen Art und Stärke und auch noch im richtigen Augenblick einzuwirken.

Betrachtet man dieses Hilfentrio in seinem Zusammenspiel unter dem Gesichtspunkt, welche hervorgehobene Bedeutung jedem Einzelinstrument zukommt, dann läßt sich trotz aller fließenden Übergänge folgendes hervorheben: Schenkelhilfen sind vornehmlich treibende, Zügelhilfen überwiegend verwahrende Elemente der Einwirkung. Die in Verbindung mit dem Sitz des Reiters und dem Reiter-Pferd-Schwerpunkt bereits erwähnten Gewichtshilfen charakterisiert die Reitlehre, ungeachtet ihrer elementaren Grundbedeutung, als unterstützende Hilfen.

Zwangsläufig ist jede Theorie, auch die des Reitens, allein schon aus sprachlichen Gründen ein Hintereinander, eine mühevolle Aufreihung von Begriffen und

Abfolgen. Der Reitanfänger sollte dennoch ganz unbekümmert und in aller Gelassenheit diese Dinge gründlich durchdenken und sich nicht zu lange bei der Vorstellung aufhalten, daß er vieles von dem, was er auf diese Weise verarbeitet, in der Praxis dann keineswegs beschaulich hintereinander, sondern konzentriert gleichzeitig ausführen soll. Vom ersten Eingehen auf die Bewegungsabläufe beim Pferd bis hin zur gekonnten Einwirkung auf das Pferd wird ihm wirkungsvoll geholfen werden, und nach wenigen Stunden werden sich dann auch die Erfolgserlebnisse einstellen.

Wer den Stoff betrachtet, den die Reitlehre als wesentlich für die Grundausbildung ansieht, wird feststellen, daß dieser weder von der Menge noch vom Gehalt her Merkmale einer Überforderung an sich hat.

Anders ist es da von dem Zeitpunkt an, ab dem man aus der Sicherheit heraus, mit der man zu Pferde zu sitzen gelernt hat, darüber nachdenkt, welche nächsten Ziele in diesem Sport erstrebenswert wären. Diese Palette der vielschichtigen und vielseitigen reiterlichen und auch fahrsportlichen Fortbildung ist unermeßlich.

Sind Reiter und Pferd zu einer »Funktionseinheit« geworden und die Grundausbildung abgeschlossen, eröffnet sich für beide eine bunte Palette von Aktivitäten und Möglichkeiten

Leistungssport und vieles mehr

Wie groß ist der nächste Schritt?

Die aktive Beschäftigung mit Pferden bietet die Voraussetzungen für den Gewinn und die Erhaltung körperlicher Fitneß bei natürlicher Gesundheitspflege schon in einem Stadium, in dem die Pferdeleute noch gar nicht von Sport sprechen. Zweifellos ist die Frage, wann regelmäßige körperliche Betätigung in der Freizeit Sport genannt wird, eine Frage der Auslegung und der begrifflichen Verständigung.

Beim Reiten, Fahren und Voltigieren ist Fitneß eine Frage der regelmäßigen und unter einer bestimmten Mindestanforderung stehenden Ausübung. Wie wir gesehen haben, eine Bedingung, die schon durch die Anforderungen, die das Pferd allein aufgrund seiner ordnungsgemäßen Betreuung an den Menschen stellt, fast unauffällig oder, salopp ausgedrückt, »mit der linken Hand«, erfüllt werden kann.

Auffällig ist bei Pferdeleuten, daß ihr Bedarf an sonstiger sportlicher Betätigung gering ist. Öfter dagegen kommt es vor, daß Reiterinnen und Reiter zielgerichtete gymnastische Übungen ausführen oder schwimmen, um sich, wie sie es dann ausdrücken, »für das Reiten fit zu machen«. Zusätzlicher Sport in Form von Konditions- und Ausgleichstraining tritt für Reiter zumeist erst dann in den Vordergrund, wenn zum Beispiel erwachsene Reitanfänger ihre bereits bemerkbaren Elastizitätsprobleme eingrenzen möchten, oder wenn reiterliche Leistungssportler darin Chancen einer besonderen persönlichen Formverbesserung erkennen.

Im Blick auf die Gesamtheit der Aktiven im Reiterlager können aus diesen Umständen wichtige Schlußfolgerungen gezogen werden:

Reiten ist eine hervorragende Grundlage für die Fitneß. Die Bedingungen, ein ständiges Fitneßprogramm zu erfüllen, sind im Rahmen der Freizeitgestaltung mit Pferden ohne wesentliche Zusätze gegeben. Ganz im Gegenteil; die Vielfalt der keineswegs nur sportlichen Anreize zur Beschäftigung mit Pferden führt im Sinne der Gesundheitsvorsorge und der Spannkrafterhaltung Hunderttausende mühelos in die Fitneßbewegung des Sportes ein.

Breitensport – Leistungssport

Von den in Vereinen organisierten Reitern, Fahrern und Voltigierern betätigen sich – nach den Beobachtungen der letzten Jahre recht konstant – jeweils rund 12 Prozent im Leistungssport. Das heißt, sie legen die entsprechenden Qualifikationsprüfungen für den Turnier-

Ohne den Freizeit- und Leistungssport mit Pferden würden solche Bilder wohl immer seltener

sport ab, erwerben damit ein Leistungsabzeichen (Reiter-, Fahrer-, Voltigierabzeichen) und die Berechtigung, sich von ihrem Dachverband eine Turnierlizenz ausstellen zu lassen (Reiter-, Fahrer-, Voltigierausweis).

Zum Zeitpunkt der deutschen Wiedervereinigung gab es insgesamt rund 62 000 Pferdesportler mit diesen Lizenzen; in den kommenden Jahren wird sich mit den neuen Bundesländern diese Zahl auf 80 000 bis 85 000 einpendeln – bei einer Gesamtmitgliederzahl der in Vereinen organisierten Reiter von über 600 000.

Dieses Verhältnis zwischen Breitensport und Leistungssport in der Reiterei unterstreicht eindrucksvoll, daß diese Sportart ihre Beziehung zur Leistung auf hohem Niveau angesiedelt hat. Das Pferd als treibende Kraft ständiger individueller Leistungsverbesserung ist ein Fitneßgarant erster Klasse für das Gros und ebenso eine ständige Herausforderung für die stattliche Minderheit derer, die Wettkampfsport betreiben.

Rund 15 000 zumeist junge Reiterinnen und Reiter sind es jährlich, die sich selbst durch den Erwerb der entsprechenden Abzeichen das Tor zum großen Sport aufschließen. Was sie dahinter erwartet, ist erstaunlich und verlockend zugleich. Fast 3 600 Turniere im Bundesgebiet mit 72 000 Einzelwettbewerben umschreiben die Szenerie des reiterlichen Leistungssports.

Andererseits bleibt aber auch die nicht an diesem Wettkampfgeschehen beteiligte Reiterei nicht ohne spezielle Leistungsanreize.
Ausdruck und Markenzeichen dieser dynamischen Arbeit wurde der 1976 eingeführte Reiterpaß, den bisher 150 000 Reiterinnen und Reiter erworben haben. Dieser freiwillige Test ist für die nicht am Wettkampfsport interessierten Reiter die wertvollste Aussage über das Niveau, auf dem Reiterei insgesamt im Bundesgebiet betrieben wird.
Die Idee der reiterlichen Selbstüberprüfung ist in den Bedingungen zum Erwerb des Reiterpasses in einer Form festgelegt, die vor allem der Freizeitgestaltung mit dem Pferd Rückhalt und Sicherheit verleiht. Denn die Gewißheit des Einzelnen, seine Grundausbildung erfolgreich soweit vorangetrieben zu haben, daß er die Selbständigkeit im Umgang mit seinem Pferd erlangt hat und das Einmaleins des Verhaltens auch außerhalb der Reitanlage beherrscht, ist vor allem von erheblicher psychologischer Bedeutung. Vergleichsweise vollbringen die Reiter auch abseits der Turnierplätze Leistungen von teilweise höchstem sportlichen Wert. So sind zum Beispiel die selbstgesteckten Aufgaben der vielen Wander- oder Jagdreiter und so manche andere Betätigung mit dem Pferd in der Reitbahn oder der offenen Landschaft nicht zu unterschätzen.
»Fitneß durch Reiten« ist auf diese Weise keine leere Formel, sondern handfeste Wirklichkeit, die zudem nachprüfbar ist. Letztlich ist es immer das geforderte Pferd, das hierüber Auskunft gibt.

Am Anfang war die Dressur

Das Reiterleben beginnt mit ihr, und das hohe Alter genießt sie, bevor die Zeit naht, den Sattel zu verlassen. Jeder Reiter und jedes Pferd muß sie durchlaufen und bis zu einem gewissen Grad beherrschen:
Es ist die Dressur, in der die Voraussetzungen für die echte partnerschaftliche Bindung zwischen Reiter und Pferd geschaffen und die Wege zur Kunst des Reitens eröffnet werden.
Der faszinierende Lernprozeß, den Reiter und Pferd gleichermaßen zu bestehen haben, um zur Harmonie ihrer Willens- und Bewegungsabläufe zu kommen, hat viele Stufen und Schwierigkeitsgrade. Dabei ist es bemerkenswert, daß die Grundstufen dieses gemeinsamen Lernens in keinem Reiter-Pferd-Verhältnis entbehrlich sind. Erst über diese Grundlage allen Reitens wölbt sich die Dressur als Spezialdisziplin mit ihrer Ausprägung bis zur künstlerischen Vollendung.
Bezeichnenderweise verzichtet die Dressur im modernen Turniersport auf jegliche Anerziehung oder Einübung von Bewegungsabläufen und Wettkampflektionen, die atypisch für die Verhaltensweise des freilaufenden Pferdes wären. Das höchste Ziel des Reiters ist der makellose gemeinsame Nachvollzug jener vielseitigen Bewegungen und Gebärden, die die Natur dem Pferd mitgegeben hat. Der Dressur in der klassischen Reitausbildung sind daher zwei wesentliche Ziele gesetzt:

- Das gerittene Pferd soll trotz der Belastung durch den Reiter sein natürli-

Die Dressur ist die Grundschule für alle reitsportlichen Disziplinen

ches Gleichgewicht wiedererlangen und sich so bewegen können, als wäre es unbelastet.

- Die Dressur soll das Pferd veranlassen, dem Reiter alle ihm innewohnenden Möglichkeiten zur Verfügung zu stellen.

Diese beiden Aspekte sind es, die die Disziplin Dressur nach der dressurmäßigen Grundausbildung von Reiter und Pferd bis zu höchster Vollendung weiterverfolgt.

Fünf bis sechs Jahre dauert es, bis ein Dressurpaar die vielen Meilensteine auf diesem Weg hinter sich gelassen hat, und bis Galoppwechsel, Traversalen, Pirouetten, Passagen und Piaffen in die schwerste aller Wettkampfprüfungen, den Grand-Prix-Special, einmünden.

Die deutschen Dressurreiter sind eine starke Gemeinschaft, in der das »schwache Geschlecht« nach Qualität und Zahl den Ton angibt. Im Hochleistungssport reiten Frauen seit vielen Jahren an der Weltspitze, und dieses Niveau ist es wohl auch, das immer wieder schon den jüngsten reiterlichen Nachwuchs scharenweise in seinen Bann zieht.

Die Elitedisziplin, die konstant 30 Prozent und mehr aller deutschen Turnierprüfungen ausmacht, ist ein Spiegelbild harter Trainingsarbeit.

Junge Weltmacht Voltigieren

Eine der fabelhaften Möglichkeiten, den Pferden – und damit dem Reitsport – ein entscheidendes Stück näherzurücken, wurde in den letzten Jahren vor allem den Kindern durch die Reitervereine eröffnet. Voltigieren hieß das Zauberwort, das vielerorts eine geradezu stürmische Entwicklung auslöste. Voltigiergruppen formierten sich zu Dutzenden und quirlten durch die Reitanlagen. Es formierte sich eine starke Lobby. Eine Bewegung setzte sich national und international in Marsch.

Fitneß, das erkannten jung und alt sofort, war nirgendwo besser zu erlangen als beim Voltigieren, und das Pferd im Mittelpunkt war der Garant für Begeisterung und sportliche Aktivität.

Viele Reiter vor allem der jüngeren Generation verdanken ihre erste intensive Begegnung mit dem Pferd dem Voltigieren. Diese eigenwillige Mischung aus reiterlichen Grundelementen und gymnastischer Fertigkeit, ursprünglich als Vorstufe zum Reiten erdacht, ist längst zur eigenen pferdesportlichen Disziplin geworden, mit kunstvoller Ausformung ihres stattlichen Programms und eigenen nationalen und internationalen Meisterschaften. Voltigiert wird einzeln und gruppenweise, vornehmlich von Kindern und Jugendlichen; jedoch öffnete sich der Voltigiersport, der bisher die Domäne der Jugend war, erst kürzlich auch den Erwachsenen als Wettkampfdisziplin.

Das »Turnen« am galoppierenden Pferd ist Sport höchster Qualität und bestechender Ästhetik. Seine Lektionen vermögen Begeisterung auszulösen, und nicht ohne Grund zählen die Voltigierer mit ihren Schauvorführungen zu den Stars so mancher Veranstaltung.

Begnügt man sich nicht nur mit dem attraktiven Äußeren dieses Sports, wird

Voltigieren, »Turnen« am galoppierenden Pferd

man schnell gewahr, daß die Grundlagen seiner außerordentlichen Anziehungskraft, die er vor allem auf die Heranwachsenden ausübt, motivreich und dynamisch sind. So ist zum Beispiel das Pferd im Mittelpunkt der Voltigierarbeit die sich nie abschwächende Attraktion. Seine Gelassenheit schafft Vertrauen, seine ruhigen Bewegungen geben Sicherheit, seine Größe fordert den Mut heraus. Da ist das Erlebnis der Gruppe, in der jeder jeden hält und stützt, Mädchen und Jungen zumeist unterschiedlichen Alters, große und kleine, starke und zierliche. Da ist das Training mit seinen spielerischen Anreizen, aber auch mit seinen Anstrengungen, Mutproben, Fehlschlägen und Erfolgen. Lebendiger Sport um einen lebendigen Mittelpunkt: das Pferd.

Königin Vielseitigkeit

Dressurviereck, Rennbahn, Gelände und Springparcours in einer Manier zu beherrschen, die dem Pferd und dem Reiter zur Ehre gereichen: Die reitsportliche Disziplin Vielseitigkeit, landläufig auch Military genannt, ist ein Relikt aus der Zeit, in der das Pferd im Krieg seine geschichtlich wohl am schwersten wiegende Rolle gespielt hat. Die vielseitige Einsatzmöglichkeit der Pferde war gefragt. Ausdauer, Sprungvermögen (auch unter schwierigsten Bedingungen) und Schnelligkeit waren besonders geforderte Eigenschaften. Daß diesen Forderungen die Anpassung von Reiter und Pferd im dressurmässigen Reiten vorausging, war Selbstverständlichkeit. Military oder Vielseitigkeit wird heute unter den reiterlichen Disziplinen als die »Krone der Reiterei« bezeichnet. Alle Spezialdisziplinen sind praktisch in ihr vereint, sie ist der Traum der Freizeitreiter und nötigt den Spezialisten aus Dressur und Springen, aber auch den Renn- und Distanzreitern soviel Hochachtung ab, daß sie sich ungeteilten Ansehens in der großen Reiterfamilie erfreuen kann.

Es ist nicht übertrieben, die Vielseitigkeitsreiter und ihre Pferde als die Alleskönner im Pferdesport zu bezeichnen. Mit ihrer Art, Leistungs- und Hochleistungssport zu betreiben, sind sie ständig auf der Spur jener Idealvorstellung von der vollen Entfaltung der im Zusammenspiel von Reiter und Pferd gebündelten Leistungsmöglichkeiten.

Sie sind es auch, die in ihren anspruchsvollen Wettkämpfen die höchste Stufe

In keiner anderen Disziplin zeigt sich die Notwendigkeit gegenseitigen Vertrauens so deutlich wie in der Military

der im Zusammenwirken von Reiter und Pferd erreichbaren Fitneß zeigen.
Das Vielseitigkeitstraining ist hart, und die großen, in der Regel drei Tage währenden Wettkämpfe kosten ein unglaubliches Maß an Energie. Daher vergehen zwischen den einzelnen Einsätzen dieser Art lange Wochen, in denen in aller Ruhe und Sorgfalt neue Energie gespeichert werden kann.
Im Jahresdurchschnitt werden in der Bundesrepublik 600 bis 630 unterschiedlich schwere Vielseitigkeitswettbewerbe ausgetragen. Das erscheint im Vergleich zu den Disziplinen Dressur und Springen als fast verschwindend wenig. Doch das gehört zu den charakteristischen Merkmalen der Buschreiterei, wie die Vielseitigkeit im Jargon der Reiter auch genannt wird.
Übrigens ist es keineswegs so, daß diese Art, Reitsport zu betreiben, wegen seiner hohen Anforderungen und seiner Härte weitgehend den Männern überlassen ist. Besonders mit dem Nachwuchs treten in der Leistungsspitze dieser Disziplin immer mehr mutige junge Damen hervor.

Durch Mut und Können ziehen die »Techniker« unter den Reitern Jahr für Jahr Millionen von Zuschauern in ihren Bann. Hier einer der erfolgreichsten: Hans-Günther Winkler

Bunte Welt des Springsports

Springsport mit Pferden erregt nicht nur den Reiter und fesselt den Zuschauer. Er ist in der Beziehung des Reiters zu seinem Pferd die Nagelprobe des gegenseitigen Einverständnisses und des gemeinsamen Leistungsbeweises.

Das Pferd als Partner des Menschen hat die Fähigkeit, Hindernisse im Sprung zu überwinden, bis zur Perfektion zu beherrschen gelernt. Seine natürlichen Anlagen forderten dies heraus, und so, wie sich der Mensch selbst für seine sich stets wandelnde Umwelt mit der Ausbildung neuer Fertigkeiten wappnete, so bereitete er auch das Pferd auf einen seiner hervorragenden Leistungsbereiche vor; das Springen.

Daß Springreiten ein riesenhaftes Publikum begeistert, ist keine Neuigkeit, daß es aber auch im Kreis der werdenden und herausgehobenen Reiterinnen und Reiter eine markante Position behauptet, wird selten sichtbar. Die Lust und die Bereitschaft der Pferde, in Eintracht mit dem Reiter Weiten und Höhen zu überwinden, kann in den zwangsläufig unifor-

men und programmierten Leistungsprüfungen kaum hinreichend nachgewiesen werden.
Aber das Mut, Konzentrationsvermögen und reiterliches Können erfordernde Springreiten behauptet nicht zu unrecht seinen herausragenden Platz im Sport mit Pferden.
Nicht von ungefähr beherrscht das Springreiten mit einem Anteil von rund 48 Prozent der Prüfungen und Starts die deutsche Turnierszene. Das heißt in Zahlen ausgedrückt, daß im Jahr bei rund 30 000 Prüfungen ca. 1,2 Million Male die weiße Starterflagge für ein Springreitpaar gesenkt wird. In diesen Werten sind nicht einmal die vielen kleineren Reitveranstaltungen, die allenthalben stattfinden, berücksichtigt.
Im internationalen Spitzensport reiten die deutschen Rotröcke mit Bravour in vielen Ländern mit. 15- bis 20mal im Jahr geht eine Auswahlmannschaft im »Preis der Nationen«, der in jedem Land nur einmal jährlich ausgetragen wird, an den Start. Und so wie dies die Senioren vormachen, so halten es auch die Pony-Mannschaften, die Junioren und die Jungen Reiter.
Von 1952, dem Jahr der Rückkehr der deutschen Reiter in das internationale Sportgeschehen, bis zum Jahr der deutschen Wiedervereinigung starteten die Springreiter in 374 Nationenpreisen und wurden 117mal Sieger, 86mal Zweite und 68mal Dritte. Nur einmal gab man auf.
Die Spezialisten im leichten Sitz, deren große Sprünge durchschnittlich nur 1,5 Sekunden dauern, sind die eigentlichen Techniker unter den Reitern. Die Dosierung von Schwung und Tempo ihrer Pferde, die Berechnung der Wege und des günstigsten Absprungpunktes, ihre eigene Körperhaltung und auch ihre Schwerpunktverlagerung über dem Pferd, gepaart mit fein abgestimmter Hilfengebung sind Aufgaben, deren Lösung größte Genauigkeit verlangt.

Die harte Sippe der Distanzreiter

Ihre Art des Reitens scheint die Tugenden Beharrlichkeit und Zähigkeit, Selbstbescheidung der Pferde wegen und die Moral, innerlich nie aufzugeben, in besonderem Maße zu fördern: Die Art der Distanzreiter.
Die besonders eigenwilligen Spezialisten aus dem sportlichen Spektrum rund um das Pferd, die sich zum Ziel gesetzt haben, lange und längste Strecken mit ihren Pferden in tadelloser Verfassung zu überwinden, und dies in jedem Gelände und bei jedem Wetter, sind aus hartem Holz geschnitzt. Sie geben nicht viel um den Glanz der Arenen, und ihre Zielsetzung entbehrt der heute oftmals anzutreffenden Erwartung des schnellen, möglichst mühelos zu erreichenden Erfolges. Aber vielleicht gerade deswegen genießen sie Bewunderung, und die Hochachtung vor ihrer pferdegerechten Sportausübung begleitet sie wie ein Markenzeichen.
Die erst seit einigen Jahren unter dem Dach der Deutschen Reiterlichen Vereini-

Sie sind ein ganz besonders zähes Volk – die Distanzreiter und ihre Pferde

gung eigenständige Disziplin hat den Sport mit Pferden auf ihre ureigene Weise bereichert. Sie, die den Typus des kleineren, drahtigen und vor allem ausdauernden Pferdes mit zumeist höherem Vollblutanteil bevorzugt, legt seit Jahren die eindrucksvollsten Beweise der Leistungsfähigkeit der Vierbeiner gerade auch auf diesem Gebiet der Dauerbelastung vor. Das Langstreckenreiten, bei dem das Pferd in allen Grundgangarten Leistungsfähigkeit beweisen muß, verlangt auch vom Reiter mehr als in anderen Disziplinen Konditionsstärke und Durchhaltevermögen.
Die Distanzreiter tragen nationale, Europa- und Weltmeisterschaften aus. Das geschieht nach strengem Reglement, speziell in bezug auf die Verfassung ihrer Pferde. Sie sind diejenigen, die keine Kompromisse eingehen, selbst wenn es kurz vor dem Ziel eines 100-Meilen-Ritts ist. Festgelegte Kontrollen durch Tierärzte sind bei ihren Ritten Pflicht.
Die Geschlechter halten sich bei den »Globetrottern« der Reiterzunft zahlenmäßig die Waage, und zünftig geht es bei ihnen zu, denn Langstreckenreiten ist keine Sache für bequeme Naturen.
Spektakulär sind ihre Ritte allemal, denn unter 25 Kilometern fangen sie erst gar nicht an. Die üblichen Entfernungen bei ihren nationalen Veranstaltungen (ca. 110 bis 130 jährlich im Bundesgebiet), bunt gemischt zwischen 35 bis 100 km, werden jedoch auch immer wieder von »100-Meilern« und noch längeren Ritten abgelöst. Distanzreiter sind flexibel und abenteuerlustig, das ist auch international so; und etliche ihrer Ritte, zum Beispiel Wien-Budapest oder quer durch Nordamerika, sind schon Legende.

Die Zunft der Wagenlenker

Nach seiner Verdrängung von Pflug und Wagen durch den Motor feiert das Pferd in den letzten Jahren in sportlicher Anspannung ein großes Comeback.
Viererzüge und Zweiergespanne begeistern bei Wettkampf und festlichem Anlaß eine rasant wachsende Anhängerschar, und die Wiederentdeckung des Einspänners wird das sportliche Freizeitspektrum so mancherorts entscheidend beleben.
Wie kommt es zu dieser Renaissance des Fahrens? Zweifellos nicht entscheidend aus der wirtschaftlichen Prosperität, in die Freizeitgestaltung und Sport heute eingebettet sind. Kunst und Horsemanship der Wagenlenker scheinen immer mehr Freunde aus den Reihen jener zu gewinnen, die noch mehr als von der Wettkampfkraft und Eleganz eines Viererzuges von ganz anderen Aspekten des Fahrens fasziniert sind: von der Beschäftigung mit Pferden in der Freizeit ohne besondere Wettbewerbsabsichten, in vergnüglicher familiärer Partnerschaft, verbunden mit Naturerleben und dem Anreiz zur Pflege eines kulturellen Erbes, das nirgendwo ausgeprägter und reicher in Erscheinung tritt, als im Umfeld der Fahrkunst.
Die Kultur des Fahrens, einst in ihrer reichsten Ausformung vom Bild herrschaftlicher Karossen und Kaleschen in vielköpfiger Prunkanspannung dominiert, ist in das zeitgerechte Gewand einer sportlichen Zukunft geschlüpft.

Der Viererzug von Ekkert Meinecke meistert hier scheinbar mühelos die Furt

Was es sonst noch alles gibt

Es gehört zu den Eigenarten der Reiterei, daß der Begriff der Sportausübung bei ihr erst dort angesetzt wird, wo die wettkampfmäßige Auseinandersetzung beginnt. Was dem Reitanfänger vielleicht als ein großes Defizit auffallen könnte ist der Umstand, daß er noch gar nicht als Sportler angesehen wird. Aber er darf sich sofort trösten. Seine eigene Sportlichkeit ist deswegen weder in Frage gestellt noch strebt er in diesem Augenblick die falschen Ziele an.

Diese merkwürdige, jedoch nur scheinbare Unterscheidung zwischen Reiten und Reitsport (Fahren und Fahrsport) hat einerseits ihren gechichtlichen Ansatzpunkt, andererseits eine bis in die Gegenwart reichende Ursache. Reiten und Fahren waren noch bis zur Mitte unseres Jahrhunderts in erster Linie Fortbewegungstechniken, so wie sie heute von Autos und Zweirädern abgedeckt werden. Selbst gute Autofahrer – und dies mag als vergleichbares Beispiel gelten – werden, solange sie sich nicht in Ralley- oder Rennautos setzen, auch nicht als Sportler angesehen.

Stark beeinflußt von England und Frankreich kam in Deutschland der Begriff des Sportreitens erst um die Jahrhundertwende immer mehr zur Geltung. Begleitet von kräftigen Schüben zumeist ländlicher Vereinsgründungen, vor allem nach beiden Weltkriegen, mauserte sich das Reiten unter Turnierbedingungen zunächst überwiegend zu einer Palette wettkampfmäßig organisierter Leistungsprüfungen für die Pferde. Das lag im werblichen Interesse der deutschen Pferdezuchten. Erst allmählich verselbständigte sich daneben das Reiten unter rein sportlich-spannenden Gesichtspunkten zum Selbstzweck aus dem Blickwinkel der Reiter und ihrer Wettbewerbslust. Auch die sportlichen Briten, die zum Beispiel ihre Springkonkurrenzen bis heute als »Showjumping« (Schauspringen) bezeichnen, kennen diese entwicklungsgeschichtlichen Eigenheiten bei der Ausprägung des Reitens und Fahrens zum so populären Pferdesport.

Bis heute – und das ist die aktuelle Begründung für diesen noch immer bemerkbaren Unterschied zwischen dem allgemeinen Reiten und Fahren in den Vereinen und mehr noch außerhalb dieser Organisationsform – tut man sich schwer mit der Anwendung des Sportbegriffs auf die Allgemeinheit der Pferdefreunde.

Es entbehrt daher nicht einer gewissen, natürlich völlig harmlosen Pikanterie, daß sich die Turniersportszene, vor allem auch im Zuge ihrer immer weitergreifenden Professionalisierung, gegen das Gros der allgemeinen Reiterei ungefähr 90 Prozent) abgrenzte und in ihm pauschal die »Freizeitreiter« sah.

Ungeachtet dessen blieben beide Gruppierungen, Wettkampfsport – Freizeitsport, allenthalben nahtlos miteinander verbunden und gaben auf diese Weise den Pferden ihre Überlebenschance zum Nutzen unserer Gesellschaft. Und nicht allein das. Auf diesem Nährboden unterschiedlicher Interessenfelder im Sport mit Pferden entstand wertvolles Neues.

Das Therapeutische Reiten

So wurde das Pferd, das vom Großteil der heutigen Reiter und Fahrer zum Partner für persönliche Fitneß und wertvolle Freizeitaktivitäten gewählt wurde, in den Mittelpunkt einer großen Aufgabe gestellt, die zum besten gehört, was ihm im Dienst des Menschen je abverlangt wurde.
Gemeint ist sein Einsatz in der medizinischen Behandlung, in heilpädagogischen Programmen und im Sport für Behinderte.
Obwohl das Pferd als Medium der Physiotherapie auch schon in medizinischen Schriften des Altertums erwähnt wird, allerdings im wesentlichen im Zusammenhang mit allgemeiner Leibesertüchtigung und körperlicher Abhärtung, blieb erst den letzten Jahrzehnten unseres Jahrhunderts seine Entdeckung für das sogenannte Therapeutische Reiten vorbehalten.
Die Erfahrung ungezählter Generationen, daß das Reiten der Gesundheit des Menschen nicht abträglich, sondern in hohem Maße förderlich sein kann, wurde zwar im Verlauf der Geschichte ungezählte Male beschrieben, dennoch haben sich erst vermehrt die Ärzte und Wissenschaftler unserer Zeit daran gemacht, exakte Beobachtungen und Versuchsabläufe zur Entwicklung zielgerichteter therapeutischer und pädagogischer Verfahren heranzuziehen.
Professor W. Heipertz, der sich speziell mit den orthopädischen Aspekten in der komplexen Wechselbeziehung zwischen Reiter und Pferd beschäftigt, sieht beispielsweise in der Geschichte der Reitervölker ein gigantisches »Naturexperiment« mit dem Nachweis dafür, daß das Reiten der Gesundheit auf keinen Fall abträglich sein kann. »Sonst wäre«, so meint er, »diesen Menschen unterschiedlicher Konstitution ein Leben zu Pferde nicht möglich gewesen«. Er und andere sporterfahrene Ärzte, darunter speziell Steinbrück, sehen »die Beanspruchung des Stützorganes durch Reiten positiv wegen günstiger axialer und gleichförmiger Bandscheibenbelastung, Wechseldruck-Stauchbelastung der Wirbelsäule und Anspannung der Rückenmuskulatur«.
Das Therapeutische Reiten steht heute als Sammelbegriff für drei Disziplinen in der Arbeit mit behinderten Menschen: die Hippotherapie, das Heilpädagogische Reiten und Voltigieren sowie das Reiten als Behindertensport. Die neue Sonderverwendung, die das Pferd im Dienst der Volksgesundheit gefunden hat, ist wohl nirgendwo eindrucksvoller belegt als durch diesen praktischen Einsatz. Immer mehr Stützpunkte im ganzen Bundesgebiet widmen ihre Arbeit diesem Bereich, welcher durch das »Kuratorium Therapeutisches Reiten« von Warendorf aus koordiniert wird.
Seit 1973 erwarben 710 Krankengymnasten eine Lizenz für die Hippotherapie. 320 Pädagogen und Psychologen legten Prüfungen im Heilpädagogischen Voltigieren und Reiten ab, und 270 Reitausbilder ließen sich speziell für den Sport mit Behinderten schulen.
Natürlich erfahren auch die Pferde für ihren Einsatz im Therapeutischen Reiten

eine besonders sorgfältige Ausbildung. Tausende sind es mittlerweile, die so tagtäglich dazu beitragen, geistig und körperlich beeinträchtigten Menschen Erleichterung, Besserung und Fitneß zu vermitteln.

Segensreiche Hippotherapie

Bei der Hippotherapie handelt es sich um eine Heilbehandlung mit Übungen auf dem Pferd. Bei ihr werden die dreidimensionalen Schwingungen des Pferderückens sogar zur Behandlung von Bewegungsstörungen behinderter Kinder (Cerebalparese) und Erwachsener (Multiple Sklerose) genutzt. Aufgrund seiner und seiner Frau Forschungsergebnisse vertritt Heipertz den Standpunkt, daß selbst bei Wirbelsäulenbeschwerden ein grundsätzliches Reitverbot nicht nur unbegründet sei, sondern daß Reiten statt dessen unter medizinischer Aufsicht sogar zur Besserung chronischer Wirbelsäulenbeschwerden genutzt werden sollte.

Die Hippotherapie als krankengymnastische Übungsbehandlung deckt heute bereits weite Felder der medizinischen Indikation ab, auch auf neurophysiologischer Grundlage, die durch herkömmliche krankengymnastische Methoden nicht erreichbar sind.

Das Pferd in der Heilpädagogik

Als ebenso segensreich und nutzbringend hat sich in den letzten Jahren auch das Heilpädagogische Reiten und Voltigieren zu einer eigenständigen Disziplin für den Einsatz unserer Pferde entwickelt. Seine Einführung in die Heil- und

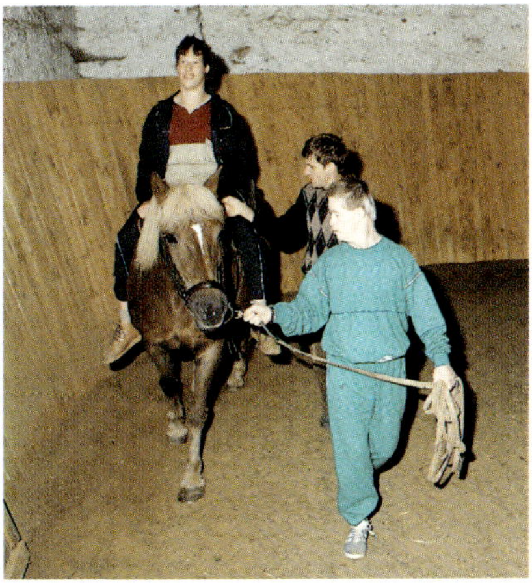

Auch geistig Behinderten kommt der therapeutische Einsatz des Reitens zugute

Sonderpädagogik kommt vor allem lernbehinderten, verhaltensauffälligen und geistig behinderten Kindern und Jugendlichen zugute. Mit seinen besonderen Eigenschaften vermag das Pferd auf diesem Gebiet häufig viel bessere heilpädagogische Erfolge auszulösen, als herkömmliche Methoden sie bewirken.

Neue Dimension für Behinderte

Reiten und Voltigieren für Behinderte als dritte Sparte des Therapeutischen Reitens gehört zu den erstaunlichsten Diensten, die das Pferd unserer Gesellschaft zu leisten vermag. Die Erfahrung, daß selbst an den Rollstuhl gefesselte Gehbehinderte durch das Reiten in eine Dimension der Bewegungsfreiheit getragen werden können, wie sie sonst nur Unbehinderten eröffnet ist, gehört zum Schönsten im modernen Sport mit dem Pferd.

Welches Pferd für Freizeit und Fitneß?

Pferdezucht und Pferderassen

Die Vielzahl der Pferderassen zu bestimmen, die auf unserem Globus anzutreffen sind, ist gar nicht so einfach. Einerseits ist dies ein Problem der Rassenabgrenzung und Definition, andererseits eine Frage der Zweckbestimmung, unter der man Rassen- und Typenvielfalt Revue passieren läßt. Man kann gut und gerne von rund 200 Zuchten ausgehen, die auf der Erde das verschiedenartige Erscheinungsbild der Groß- und Kleinpferde prägen und die durch ihre charakteristischen Merkmale recht eindeutig zu bestimmen sind. Über 100 der bedeutendsten unter ihnen liegen dabei gerade heute, eingedenk der immer noch wachsenden Internationalität unserer Gesellschaft und ihres weitgespannten Interesses, durchaus auch im Blickfeld der europäischen Freizeitgestaltung und der Sportausübung.

Unter diesen Gesichtspunkten genügt es für den Anfang, mit Hilfe einiger Informationen über die in Deutschland heimischen Zuchten den Sportpartner Pferd nach Art und Herkunft etwas näher kennenzulernen. Denn es gehört wohl zu einer engen Beziehung, wie sie jeder Reiter zu seinem Pferd eingeht, daß sie auf eine Vertrauensgrundlage gestellt wird, die vom Wissen um Herkunft, Veranlagung und Ausprägung der Eigenschaften unserer Pferde unterbaut ist. Wer sich auf solche Kenntnisse und Einsichten stützt, wird es in seiner sportlichen Zukunft mit dem Pferd leichter haben, seine Wahl zu treffen und, wenn er die Grundschule des Reitens erst einmal hinter sich hat, seine speziellen Wünsche und Vorstellungen zu verwirklichen.

Der kurze Streifzug durch die Geschichte der Pferdezuchten in Deutschland kann um das Jahr 1300 beginnen, weil etwa ab diesem Zeitpunkt die gezielte züchterische Einwirkung, so wie wir sie auch heute noch verstehen, nachweisbar wird. Damals war es vor allem das holsteinische Marschpferd, mit dem bereits in größerem Umfang Zuchtauswahl betrieben wurde.

Pferdezucht war in Deutschland – wie wohl überall auf der Welt – zweckgerichtet und landschaftsbezogen. Vor allem die Herrscherhäuser, die Armeen und die Landwirtschaft lieferten seit dem Mittelalter bis zum Eintritt in das Zeitalter des Motors die Motive und die Zielrichtung der Zuchten. Das Fundament stellten dabei die bereits vorhandenen Landschläge dar, das heißt jene Pferde, die sich aus vielfältiger Verschmelzung als besonders geeignet für bestimmte kli-

Der hoch im Blut stehende Araber wird weltweit von allen Züchtern gerne als Veredler anderer ausgewählter Rassen herangezogen

matische und landschaftliche Bedingungen herausgestellt hatten und bereits als bodenständig galten. Neben die züchterische Selektion dieser Bestände trat unmittelbar die Veredlung mit anderen ausgewählten Rassen; zum Beispiel führte man dem holsteinischen Marschpferd Orientalen, Neapolitaner, Vollblüter und Cleveland Bay zu, und das kleine, harte ostpreußische Landpferd (das vom Konik abstammt und letztlich auf Panjes und Schweiken zurückgeht), wurde mit orientalischen und englischen Vollblütern veredelt.

Die geografisch bedingte unterschiedliche Ausprägung der bodenständigen Zuchtstämme, die voneinander differierenden Zuchtziele und auch der unterschiedliche zeitliche Beginn systematischer Pferdezucht in den deutschen Ländern führte zu den durchaus verschiedenen Prägungen des Warmblut-

pferdes, die bis in die Gegenwart wirken. Der Begriff der Warmblutrassen wurde geprägt und bestimmte gut 200 Jahre die Terminologie der gesamten – auch die der internationalen – Pferdezucht. Deutschland galt daher entsprechend dieser Entwicklung lange Zeit als das Land mit den meisten Rassen des Warmblüters in Westeuropa.
In ihrer Markanz traten besonders hervor:

Holsteiner

Aus dem Marschpferd der Küstenlandschaft durch Kreuzung mit Vollblütern, Orientalen, Cleveland Bays und Neapolitanern entstanden, galt der holsteinische Warmblüter schon im frühen Mittelalter als Allzweckpferd. Großrahmig in der Körperanlage, brachte er beste Voraussetzungen für Schrittlänge, eindrucksvollen Trab und raumgreifenden Galopp

»Salinator« – ein klassischer Vertreter des relativ schweren, aber dennoch überraschend eleganten Holsteiner-Typs

mit. Dieser wuchtige, tiefe und breite Pferdetyp mit gut gelagerter Schulter und langer bemuskelter Kruppe verfügt bei korrekten Gliedmaßen über hohes Springvermögen. Sein edler, manchmal leicht ramsnasiger Kopf wird durch große Nüstern und bewegliche Ohren besonders gekennzeichnet. Größe: 165 bis 175 cm, Farben: hell- bis schwarzbraun, nicht selten Schimmel. Auf den Holsteiner Stamm gehen bedeutende Zuchten zurück, darunter erwähnenswert sein Einfluß auf die hannoversche Zucht. Äußerst erfolgreich im Sport.

Hannoveraner

Offiziell ist der Beginn der Hannoveraner Zucht mit der Gründung des Landgestüts Celle durch den deutschstämmigen englischen König Georg II im Jahre 1735 datiert, doch reichen die züchte-

»Der Clou« entspricht in allen Belangen dem kraftvollen, dabei aber immer harmonischen Körperbau des heute so gefragten Hannoveraners

rischen Ambitionen Hannovers schon in die Zeit um 1600 (Gestüt Memsen) zurück.
Der beispielhafte Aufstieg dieses auch heute mit 18000 Zuchtstuten größten geschlossenen Zuchtgebietes in der Bundesrepublik stützte sich auf ein Leistungspferd erstklassiger Reputation. Vollbluthengste aus Holstein und Mecklenburg legten das Fundament dieser ursprünglich der Landwirtschaft gewidmeten züchterischen Initiative des Königs.
Der Hannoveraner – Stockmaß: 160 bis 163 cm, Farben: überwiegend Füchse (große Abzeichen), Braune aller Schattierungen, auch Schimmel und Rappen.
Ein tiefer kräftiger Rumpf auf geraden Beinen ist kennzeichnend für dieses in großem Rahmen stehende edle Pferd, das einen schön aufgesetzten langen Hals, eine gut bemuskelte Rückenpartie ebenso wie eine lange schräge Schulter und kräftige Gliedmaßen mit trockenen Sehnen und Gelenken vorweist. Seine exzellente Mechanik weist gute Schrittlänge, energische Trabaktionen und raumgreifenden geschmeidigen Galopp aus. Bekannt ist das Springvermögen dieses Pferdetyps, der heute der zahlenmäßig am stärksten vertretene auf dem Kontinent ist. Allerdings beschränkt sich seine Verwendbarkeit keineswegs auf den Springsport, sondern erstreckt sich auf alle Zweige des Reit- und Fahrsports.

Oldenburger

Zu den deutlichsten Beispielen für den Wandel in den Zielsetzungen für die Pferdezucht kann Oldenburg gezählt werden, das schon Anfang des 17. Jahrhunderts eine erste Blüte seiner von neapolitanischen und spanischen Hengsten beeinflußten Landeszucht erlebte. Im Land des Grafen Anton Günther von Oldenburg, das seine Neutralität im Dreißigjährigen Krieg durch die Lieferung von Pferden an die streitenden Armeen erhalten konnte, wurde ein Karossier (= Kutschpferd) gezüchtet, dem die Aufmerksamkeit der Höfe in ganz Europa galt. Dieses früher schwere, jedoch elegante und sich stolz tragende Allzweckpferd, das mit seiner Leistungsbereitschaft im schweren Zug imponierte und durch sein gutartiges Temperament auffiel, beeinflußte zahlreiche Zuchten in ganz Europa.
Noch heute stellt sich der Oldenburger, dessen Zucht Anfang des vorigen Jahrhunderts einen Niedergang erlebte, mit unverändert klaren Typmerkmalen vor. Cleveland Bay, Vollblut und anglo-normannische wie anglo-arabische Blutlinien wurden zu seiner Veredlung herangezogen. Der durchweg als Brauner, Dunkelbrauner oder Rappe auftretende Oldenburger steht im Stockmaß von 160 bis 168 cm. Mit langem Schritt, raumgreifendem Trab und ruhigem Galopp empfiehlt sich seine Mechanik, die er aus einem muskulösen, breiten und kräftigen Körperbau bezieht. Massive starke Knochen und Gelenke, ein hoch aufgesetzter Hals und die stark bemuskelte Kruppe sorgen des weiteren für ein rundes, abgedrehtes Erscheinungsbild. Der Oldenburger verfügt trotz seines kräftigen Körperbaus auch über erstaunlich gute Springanlagen.

Der 1986 in Hannover preisgekrönte Siegerhengst Donnerhall zeigt deutlich die Wandlung des Oldenburgers vom schweren Kutschpferd zum eleganten und stolzen Reitpferd

Ostpreuße (Trakehner)

Das deutsche Warmblutpferd, das neben dem Vollblut bis heute den größten Einfluß auf die Veredlung der Warmblutzuchten ausgeübt hat, ist der Ostpreuße. Selbst aus einer bodenständigen, harten kleinen Landpferdrasse in Kreuzung mit orientalischen und englischen Vollblütern hervorgegangen, sorgte er in bedeutenden deutschen Zuchten für eminente Erfolge auf dem Weg zum modernen Sportpferd. Obwohl die ostpreußische Pferdezucht bis in die Zeit der Ordensritter (Ende 1525) zurückreichte, trat sie den Weg ihrer späteren Bedeutung im wesentlichen mit der Gründung des Hauptgestütes Trakehnen durch den Preußenkönig Friedrich Wilhelm I. im Jahre 1732 an. Die vom Staat entscheidend motivierte Zucht wurde ab 1786 systematisch betrieben und erfüllte bis

Zähigkeit, Härte und Ausdauer zeichnen den lebhaften Ostpreußen (Trakehner) aus

zum 2. Weltkrieg fast ausschließlich die Anforderungen des Heeres, zuletzt auf der Grundlage einer 44 000 Zuchtstuten umfassenden Herde.

Der Trakehner wurde zum mittelschweren, leichtfuttrigen Pferd in breiter Rechteckform ausgeprägt. Ein edler Kopf auf schönem langen Hals, ein kräftiger Rücken mit guter Sattellage und hohem Widerrist sowie eine gut bemuskelte Kruppe kennzeichnet die Oberlinie dieses Typs, der insgesamt als ausgesprochen trocken und korrekt gelten kann. Bei langem Schritt, ökonomischem flachen Trab und großem Galoppiervermögen besitzt er jene Anlagen, die ihn bis heute als Pferd für große Leistungen und eleganten Sport auszeichnen. Sein Stockmaß: 160 bis 170 cm. Der Trakehner, dessen Zucht nach dem 2. Weltkrieg in der Bundesrepublik aus dem Nichts wiederaufgebaut wurde, kommt in allen Farben, jedoch nicht als Schecke, vor. Das charakterlich differenzierte und im Temperament lebhafte Pferd ist sehr beweglich und leistungsbereit. Der heute in einem Zuchtverband, der sich über das gesamte Gebiet der Bundesrepublik Deutschland erstreckt, organisierte Trakehnerbestand hat die Zuchten in Hessen und Württemberg, im Rheinland und vor allem in Hannover, darüber hinaus aber auch in der UdSSR sowie in Polen veredelnd beeinflußt.

Das Deutsche Reitpferd

Pferdezucht in Deutschland heißt, wie überall seit ihren Anfängen vor mehreren Jahrhunderten, zielgerichtete Auswahl und Veredelung, aber auch hartnäckige Auseinandersetzung um Typ und Eigenschaft der Pferde. Was früher Armeen, Wirtschaft oder Herrscherhäuser an Zielvorstellungen für die Zucht entwickelten, ist heute auf den einzigen wirklichen Bewahrer des Pferdes, den Reit-, Fahr- und Voltigiersport und seine Anforderungen geschrumpft. Die existentielle Erhaltung des Pferdes auf einer genügend großen und die Vielfalt der Erbanlagen bewahrenden Zuchtgrundlage ist mittlerweile zu einer Luxusfrage unserer Gesellschaft geworden.

Diese Erkenntnis veranlaßte dann die 11 Zuchtverbände in der Bundesrepublik Deutschland, 1975 eine neue gemeinsame Zielvorstellung zu formulieren. Sie trug damit auch einem Umzüchtungsprozeß Rechnung, der in den 60er Jahren begonnen hatte, und in dem vor allem drei Veredlerrassen, nämlich Trakehner, Vollblüter und Araber, eingesetzt wurden. Das Ziel, ein Pferd für den Reitsport zu züchten, das alle deutschen Zuchten aufgegriffen hatten, bekam folgenden Wortlaut:

»Gezüchtet wird ein edles, großliniges und korrektes Reitpferd mit schwungvollen, raumgreifenden elastischen Bewegungen, das aufgrund seines Temperaments, seines Charakters und seiner Rittigkeit für Reitzwecke jeder Art geeignet ist.«

Bisher hat diese Zielformel ihre Feuerprobe bestanden und ist zur Klammer der deutschen Zuchten und ihrer Nachzuchtvarianten geworden. Ihre liberale Fassung ist in bezug auf das Ziel zwar eine Herausforderung, sie beläßt jedoch den Strömungen in der deutschen Warmblutzucht ihre Unverwechselbarkeit und ihre Individualität. Die Rassen des deutschen Warmblutpferdes nehmen jedoch an einem Verschmelzungsprozeß teil, dessen Ziel »Deutsches Reitpferd« unter den Gesichtspunkten der modernen Gesellschaft keine Alternative hat.

Allerdings ist dieser heute beschleunigte Prozeß, bei dem der Begriff Rasse eine andere Dimension bekommt, auch in der Vergangenheit schon immer wirksam gewesen. Daß die typmäßige und genealogische Annäherung der deutschen Zuchtgebiete durch starken Austausch in den letzten Jahrzehnten besonders in Bewegung geraten ist, sollte nicht vergessen machen, auf welche Weise auch früher schon große selbständige Zuchtgebiete in Deutschland entstanden.

So baute die Region Westfalen seit 1826 (Gründung des Landgestüts Warendorf) eine eigene Zucht mit ihren Landschlä-

»Pazifik«, ein reiner Westfale, kommt dem deutschen »Wunsch«-Reitpferd schon sehr nahe

gen auf hannoverscher Grundlage und unter Verwendung von Vollblut auf. Das westfälische Brandzeichen steht heute für das zweitgrößte geschlossene Zuchtgebiet in der Bundesrepublik.

Bayern, dessen züchterischer Schwerpunkt früher im Rottal am Inn lag, zog Westfalen und Hannover zur Verstärkung seiner Zuchtgrundlagen heran und veredelte mit Trakehnern und Vollblütern.

Baden-Württemberg mit dem 1573 gegründeten Haupt- und Landgestüt Marbach auf der Schwäbischen Alb züchtete den Württemberger, ursprünglich im Normänner Typ, mit starkem Trakehner-Einfluß.

Hessen, das seit 1600 den »Beberbecker« (nach dem früheren Gestüt Beberbeck) züchtete und seit 1870 über das Landgestüt Dillenburg verfügt, benutzte für seine neuere Pferdezucht vornehmlich Vollblüter und Trakehner zur Veredlung. Dieses kräftige Reitpferd findet auch in der Landwirtschaft Verwendung.

Unkonventionelles über die Ausrüstung von Reiter und Pferd

Es liegen Welten des Geschmacks und des Geldes zwischen jenen postautogelben oder kardinalroten maßgeschusterten und 2 000 Pfund teuren Stiefeln, die es hin und wieder im Londoner Hydepark an den Beinen extravaganter reiterlicher Zeitgenossen zu bestaunen gibt und jenen schlichten vulkanisierten Beinschützern für 80 Mark, mit denen gutberatene Reitanfänger allüberall ihre ersten Übungsstunden bestehen. Und ungeheure Unterschiede an Wert und Weisheit beherrschen auch die Ausrüstung, die man den Pferden zumißt; seit altersher auch dies ein Riesentummelplatz zwischen Zweckdienlichkeit und zelebrierter Prunklust.

Nicht selten werden die Zweckdienlichkeit mancher Ausrüstungsteile oder Sinn und Wirkung etlicher Hilfsmittel selbst von fortgeschritteneren Reitern verkannt beziehungsweise falsch eingeschätzt.

Die tagtägliche Begegnung früherer Generationen mit dem Pferd in der Arbeit und im Verkehr als Grundschule des Beurteilungsvermögens ist ebenso abhanden gekommen wie auch die Wertrelation, in der die Ausrüstung von Reiter und Pferd im Alltag gesehen werden mußte.

Wieviel Leder braucht ein Pferd?

Es kann nicht genug betont werden, daß aus dieser Sicht das Kapitel Ausrüstung ein ganz wesentlicher Bestandteil jeder Ausbildung sein muß. Die richtige Einschätzung der Funktionen der Ausrüstungsbestandteile reguliert im übrigen zumeist auch den heute so oft feststellbaren Hang zur Übertreibung bei der Ausstattung. Leider gleicht heute so manches Pferd eher einem in Leder oder auch Kunststoff verschnürten Bündel als einem sich frei und mit Selbstverständlichkeit bewegenden Sportgefährten.

Wenn des öfteren darüber nachgedacht würde, daß es zum normalen Reiten eines ebenso normalen Pferdes lediglich eines soliden Trensenzaums und eines ordentlich gefertigten und gut liegenden Sattels mit einer möglichst saugfähigen Unterlage bedarf, würde zumindest bei vielen fortgeschrittenen Reitern so manches durchaus entbehrliche Lederstück, so mancher Hilfszügel ganz unauffällig in der Sattelkiste verschwinden.

Natürlich ist der Körperbau des Pferdes die Richtlinie für den Sattel- und Trensenbau, nicht natürlich ist, wie sehr sich unter den verschiedenen Einflüssen der

Links ein Vielseitigkeitssattel mit leicht vorgebautem Sattelblatt – in der Mitte ein Springsattel mit stark ausgebauten Pauschen, rechts ein Dressursattel

Ein »kombiniertes« Reithalfter, zusammengesetzt aus Englischem und Hannoverschem Reithalfter

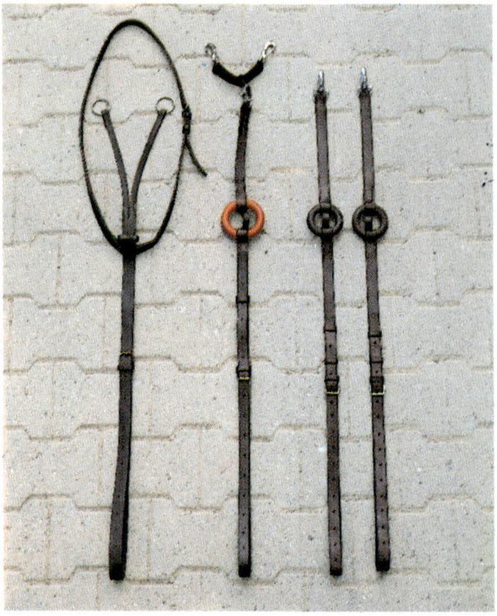

Hilfszügel (von links nach rechts): Ringmartingal mit Halsriemen, Stoßzügel und 2 seitliche Ausbindezügel

Reittraditionen die Geister hinsichtlich dieser Grundelemente scheiden. Dabei ist die großflächige Auflage der Cowboysättel auf dem Pferderücken nichts anderes als die schlittenkufenartige gepolsterte Langauflage der alten deutschen Wehrmachtssättel. Mit der Widerristhöhe der unterschiedlich gewachsenen Pferde haben beide Systeme des Sattelbaus gleich wenig Last. Beider Prinzip mündet in Ristfreiheit um jeden Preis und Tragauflage der Sättel, so weit der Rücken der Pferde es zuläßt und die Sitzkonstruktion des Sattels reicht.

Angesichts solcher Identität der Anschauungen stellt sich für den Reiter unserer Tage eigentlich nicht die Frage nach dem Know-how, sondern nach dem Geschmack der Ausstattung des Pferdes und damit auch seiner selbst.

Nicht viel anders verhält es sich mit Zaumzeug und Zügeln. Unbestreitbar ist es sinnvoll, der soliden Trense für den täglichen Gebrauch eins der tausendfach bewährten Reithalfter (englisch oder hannoversch) hinzuzufügen. Für jeden Hilfszügel, den man bei der Arbeit mit seinem Pferd glaubt verwenden zu müssen, ist es nicht nur ratsam, sondern auch ehrenhaft, erfahrene Ratgeber zu befragen. Die Individualität des Pferdes, die eigenen reiterlichen Fähigkeiten und die Hilfsmittel müssen hierbei koordiniert und ins rechte Verhältnis zueinander gesetzt werden. Schlauf- und Stoßzügel, Ausbinder und auch das heute allenthalben anzutreffende Martingal sind Mittel aus Leder oder Kunststoff, die durchaus nicht nur von reiterlichem Vermögen künden...

Die zweckmäßige und gute Ausrüstung von Reiter und Pferd hat in unserem Land eine vorzügliche Tradition aus reiterlicher Erfahrung und handwerklichem Können, und es müßte zu den vornehmen Pflichten der Lehrenden rund um das Pferd gehören, Grunderfahrung und Leitgedanken dieses Erbes zeitgemäß zu übersetzen und den neuen, zum Pferd drängenden Generationen brauchbare Maßstäbe und einfache Grundsätze zu vermitteln.

Was heißt dies alles für den Reiter selbst? Soll die gerade etablierte Gesellschaft der Vierbeinerfreunde sich selbst verleugnen, die schicken Stiefel, Reithosen, Plastrons und roten Röcke, die Samtkappen und kostspieligen Schabracken ins nächste Gebüsch werfen? Beileibe nicht.

Stiefel sind nicht Statussymbol

Seien wir alle froh, daß es dieses alles gibt. Dennoch muß die Besinnung auf das stattfinden, was ursprünglich zur notwendigen und zweckmäßigen Ausstattung des Reiters gehört:

Sprechen wir vom Schutz der für das Reiten erwiesenermaßen unersetzlichen Beine. Stiefel und Reithosen, nicht als Statussymbol, sondern bei allen Reitervölkern frühzeitig zum Schutz und zur Bequemlichkeit erdacht, sind unter den verschiedenen Umständen ihrer Entstehung und ihrer Verwendung natürlich nicht alle gleichartig ausgefallen. So trugen die Ziehten-Husaren oder die Panduren zwar andere, jedoch im Prinzip den Beinkleidern des »Little Joe« aus der Bonanza-Serie gleichwertige Beinbekleidung.

Daß man sich im 20. Jahrhundert mit dicken Nähten in den Jeans und unbedeckten Waden blaue Flecken und Quetschungen durch Steigbügelgurte an den Beinen einhandeln würde, wußte man im Prinzip schon viele Jahrhunderte vorher; daß viele Reiter der sogenannten klassischen Schule dieses Jahrhunderts jene aber geringer achten könnten, die in Bonanzastiefeln und Cowboyhosen ebenfalls zu reiten beginnen, das hätte damals noch niemand ahnen können.

Es liegt ein Sinn darin, bei langen Ritten Handschuhe zu tragen, oder zum Springen zur festen Kappe zu greifen. Es hat auch etwas mit Kultur zu tun, wenn es Kleiderordnung und Comment zu bestimmten Anlässen gibt.

Wahrscheinlich ist es so, daß jede Zeit ihre eigene Philosophie über Zünftigkeit und Geschmack auch im Reiten finden muß, um den Zustrom derer, die zum Pferd wollen, in rechter Weise lenken zu können.

Zwischen den martialischen Ritterausrüstungen des Mittelalters und John Waynes Ausstattung, die Teilen der heutigen Freizeitgeneration so imponiert, gibt es nur wenige neue Erkenntnisse, und allemal sind auch heute schonende, tragfähige Sättel und zweckbetonte, sichere Zäumung das Elexier des Reiters, der sich zusammen mit seinem Pferd wohlbefinden möchte.

Von anderen Reitweisen

Vorbemerkung

Der Mensch hat in seiner bisherigen Geschichte – also mindestens seit 5 000 Jahren – die Tier- und Pflanzenwelt seines Umfeldes seinen Bedürfnissen entsprechend immer wieder versucht, zu formen und zu wandeln. Vor allen anderen Herden- und Rudeltieren suchte er, das Pferd seinen ehrgeizigen Zielen unterzuordnen. Nach der Bewahrung des wärmenden Feuers, der Entwicklung der ersten Werkzeuge und Waffen zur Lebenserhaltung war die Idee ein dem Menschen hilfreiches und nutzbringendes Tier planmäßig und zielgerichtet zu vervielfachen – also zu züchten – mindestens so wichtig wie die Erfindung des Rades.

Die Chance, in einigermaßen überschaubarer Zeit, die Ergebnisse der Züchtungsversuche in Augenschein nehmen zu können, wurde in der Pferdezucht schon erstaunlich früh genutzt.

Gezüchtet wurde zu allen Zeiten vornehmlich zweckgerichtet. Daraus ergaben sich bereits in alter Zeit die Unterschiede in der züchterischen Zielsetzung und die Typenvielfalt der erwünschten Pferde. Dies hat sich bis heute eigentlich nicht geändert.

Die im weiteren vorgestellten Reitweisen und Züchtungen können selbstverständlich nur einen Überblick geben und sind exemplarisch anzusehen.

Wiener Hofreitschule

Wer sich den Genuß gönnt, eine Gala der Spanischen Reitschule zu Wien zu besuchen, wird es nicht schwer haben, herauszufinden, daß vieles von dem, was ihm von den Klassebereitern dieses weltberühmten Instituts mit den legendären Lippizanern vorgeführt wird, zum Teil weit über das hinausgeht, was im heutigen Dressursport gelehrt und gezeigt wird.

Schon der fast allen geläufige Doppelname der Wiener Traditionsschule verdeutlicht ihren einstigen, großen reiterlichen Einfluß.

Wien, Jahrhunderte Drehscheibe und politisches Herz unseres Kontinents, war seit dem 16. Jahrhundert auch Kommunikationszentrum für die züchterischen wie reiterlichen und fahrerischen Glanzpunkte jener Zeit.

Der Wiener Hof bezog seine Reit- und Fahrpferde grundsätzlich aus den Hofgestüten Kladrub und Lipica, in denen sich dementsprechend die züchterische Kultur einer langen und glänzenden Epoche wiederspiegelte.

Die Spanische Reitschule zu Wien pflegt auch heute noch Ausbildungselemente wie beispielsweise die »Schulen über der Erde«. Dieses sind kunstvolle Sprünge der Pferde wie Levade, Courbette, Ballotade und Capriole, die man zu den »außergewöhnlichen« in der Dressur bzw. in der Hohe-Schule-Ausbildung zählt.

Westernreiten

Eine klare Alternative zur europäischen Reittradition ist das Westernreiten. Anfang des 18. Jahrhunderts begann die Zucht der speziell auf die Rinderwartung ausgerichteten Pferde. Starke Hinterhandbemuskelung und spezielle Wendigkeit und Anpassungsfähigkeit bei der Arbeit mit den Rindern waren die Erfordernisse. Es widersprach der europäischen Reitweise, derart scharfe Wendungen auf Vor- oder Hinterhand sowie das Zureiten der Pferde im »Säuglingsalter« als pferdegerecht anzuerkennen. Dies wiederlegten die Amerikaner allerdings restlos: auch heute noch versehen über 1,5 Millionen Quarter-horses, Appaloosas und Pintos getreulich ihren Dienst als Ranch- und Farmpferde.

Zirzensische Künste

Lernfähigkeit und Vertrauen der Pferde zum Menschen haben schon immer erstaunliche Anreize auf die Entwicklung neuer gemeinsamer Leistungen ausgeübt. Die Vervollkommnung dessen, was der Mensch dem Pferd an Bereitschaft und Können abzuverlangen vermag, wird in unserer Zeit besonders in den zahlreichen Zirkusarenen augenfällig, wie sonst nur noch an der berühmten Wiener Hofreitschule. Die Darstellung des Pferdes in artistischen Lektionen der »Hohen Schule« vollzieht sich in fast allen Fällen auf dem Boden gründlicher und liebevoller Ausbildung, in der die Pflege eines besonderen Vertrauensverhältnisses zwischen Ausbilder und Pferd eine wesentliche Rolle spielt.

Die Orientalen

Der Araber gilt als die edelste Pferderasse der Welt überhaupt. Edel deshalb, weil es die Zuchtkonstanz dieser Pferde zuließ, sie zur Veredlung fast aller Warm- und Kaltblutrassen heranzuziehen und sie auch zur Begründung zahlreicher neuer Rassen zu nutzen.

Die Ursprünge dieses äußerst leistungsfähigen Pferdetyps vermutet man heute in babylonischen und ägyptischen Züchtungen der Pharaonenzeit. Andere Theorien halten auch die Zuchten in den Steppen des russisch-persischen Grenzlandes für einen denkbaren Ansatz.

Fest allerdings steht, daß dieses nur 1,50–1,55 m große Pferd – für die meisten Züchter der Inbegriff natürlicher Auslese und selektiver Reinzüchtung schlechthin – bereits seit der Zeit Mohammeds in den Gebieten des heutigen Saudi-Arabiens mit äußerster Sorgfalt reingezüchtet wird.

Die Schnellsten der Schnellen

Ausschließlich zum Wettrennen gezüchtet, gelten die Galopper als Kunstwerke der Auslese und ständigen Verfeinerung. Schon die Assyrer kannten Pferderennen, doch blieb es den Engländern vorbehalten, etwa ab dem Ende des 17. Jahrhunderts mit unnachahmlicher Konsequenz, in rund 100 Zuchtjahren, aus arabischen Hengsten und heimischen Galloway-Stuten das Englische Vollblut zu entwickeln.

Vollblüter werden schon zweijährig angeritten und ins Training genommen. Bereits wenige Monate später bestreiten sie die ersten Rennen ihrer nur wenige Jahre währenden Rennkarriere.

Renner vor dem Sulky

Als Pendant zur unterschiedlichen Entwicklung der Reitweisen bis hin zur höchsten Spezialisierung, dem Rennreiten, gilt für die Fahrdisziplinen das Rennfahren mit Trabern.
Obwohl auch die Traber nach strengen Maßstäben gezüchtet werden, gelten sie wegen der recht spät festzustellenden Geschlossenheit des züchterischen Vorgehens – auch hier wurden Araber eingebracht – nicht als Vollblüter. Immerhin gilt die Gruppe der Traber, in denen man gerne mit Paßgängern züchtet, durch ihre gesicherten Vererbungsmerkmale tierzüchterisch als gefestigt und von anderen Populationen unterscheidbar.

Die nordischen Tölter

Ein Pferd, das in besonderem Maße von den klimatischen und tektonischen Bedingungen seines Lebensraumes geprägt wurde, ist das Island-Pony. Zurückgehend auf keltische und norwegische Ponys wurde es über 1 000 Jahre in insularer Reinzucht bewahrt. Bis heute besteht auf der Insel ein Einfuhrverbot für Pferde.

Leistungsfähigkeit, Härte und Ausdauer und auch eine eigene zusätzliche Gangart, der Tölt, kennzeichnen diese robusten, sich bei Futter- und Schutzsuche weitgehend selbst überlassenen Ponys, die problemlos auch schwere Reiter tagelang durch unwirtliches Gelände tragen können.

Im Tölt, der der Fußfolge des Schrittes beim Pferd, allerdings in ungleich höherer Geschwindigkeit, entspricht, kann der Isländer bis über 45 Stundenkilometer erreichen. Der Tölt, der auch als Variante des Paßgangs – ungleiches Auffußen des Beinpaares einer Körperseite – gesehen werden kann, dämpft die Stoßbewegungen des Pferderumpfes und damit das Auf- und Abschwingen des Rückens wie eine Federung ab. Eine ideale Voraussetzung für das Tragen von Lasten in unwegsamen Gelände.

Adressenverzeichnis

Dachverband

Deutsche Reiterliche Vereinigung e.V.
– Hauptverband für Zucht und Prüfung deutscher Pferde –
– Federation Equestre Nationale (FN) –
Präsident: Dieter Graf Landsberg-Velen
Freiherr-von-Langen-Straße 13
48231 Warendorf
Tel.: 0 25 81/63 62-0
Fax: 0 25 81/6 21 44

Reiterverbände

Landesverband der Reit- und Fahrvereine Baden-Württemberg e.V.
P.: Volker Hahn
G.: Christian Abel
Remsstr. 1
70806 Kornwestheim
Tel.: 0 71 54/18 06 32
Fax: 0 71 54/18 03 11

Bayerischer Reit- und Fahrverband e.V.
V.: Gustav-Adolf Blum
Techn. L.: LOR Hans-Georg Zens
Landshamer Str. 11
81929 München
Tel.: 0 89/90 60 71, Fax: 0 89/90 60 72

Landesverband der Reit- und Fahrvereine Berlin-Brandenburg e.V.
P.: Dieter Drost
G.: Wolfram Schmeling
Passenheimer Str. 30
Reiterstadion
14053 Berlin
Tel.: 0 30/3 04 55 51 oder 3 05 36 03
Fax: 0 30/3 04 67 30

Bremer Reiterverband e.V.
V.: Dr. Rüdiger Hoffmann
G.: Klaus Martin
Buchholzer Str. 3
28870 Ottersberg-Quelkhorn
Tel.: 0 42 93/17 71, Fax: 0 42 93/17 72

Landesverband der Reit- und Fahrvereine Hamburg e.V.
V.: Eberhard Fellmer
G.: Kai Haase
Friedrich-Ebert-Str. 59
22459 Hamburg
Tel.: 0 40/58 71 40, Fax: 0 40/58 50 39

Hessischer Reit- und Fahrverband e.V.
V.: Toni Anspach
G.: Robert Kuypers
Wilhelmstr. 24
35683 Dillenburg
Tel.: 0 27 71/2 30 55, Fax: 0 27 71/62 03

Landesverband Mecklenburg-Vorpommern für Reiten, Fahren und Voltigieren e.V.
V.: Karl-Wilhelm Marquardt
G.: Manfred Plath
Lilienstr. 2-10 (Baracke)
19061 Schwerin
Postfach 030112
19022 Schwerin
Tel.: 03 85/61 11 80
Fax: 03 85/61 11 02

Niedersächsischer Reiterverband e.V.
V.: Ludolf von Veltheim
G.: Erika Cordts
Johannssenstr. 10
30159 Hannover
Postfach 269
30002 Hannover
Tel.: 05 11/32 57 68
Fax: 05 11/32 57 59

Verband der Reit- und Fahrvereine Nordrhein-Westfalen
V.: August Lütke Westhues
G.: Dr. Norbert Lüdenbach
Sudmühlenstr. 33
48157 Münster-Handorf
Postfach 46 01 08
48072 Münster-Handorf
Tel.: 02 51/3 28 09-82
Fax: 02 51/3 28 09-66

Landesverband der Reit- und Fahrvereine Rheinland-Pfalz
V.: Rainer Pillasch
G.: LR Diether von Kleist
Burgenlandstr. 7
55543 Bad Kreuznach
Tel.: 06 71/6 28 10, Fax: 06 71/6 83 51

Saarländischer Reiterverband e.V.
V.: RLD Peter Wallner
G.: Axel Kerber
Haus des Sports, Saaruferstr. 16
66117 Saarbrücken
Tel.: 0681/5 86 03-40 oder 5 86 03-41
Fax: 0681/5 86 03-39

Landesverband Pferdesport Sachsen e.V.
P.: Dr. Joachim Markgraf
G.: Renate Markgraf
Winterbergstr. 98
01237 Dresden
Tel./Fax: 03 51/2 51 21 77

Landesverband der Reit- und Fahrvereine Sachsen-Anhalt e.V.
V.: Jürgen Laue
G.: Heidi Hame
Thietmar Str. 18
39128 Magdeburg
Postfach 12 40
39024 Magdeburg
Tel.: 03 91/5 61 53 75

Landesverband der Reit- und Fahrvereine Schleswig-Holstein e.V.
V.: Christoph von Bethmann-Hollweg
G.: Dieter Stut
Eutiner Str. 27
23759 Bad Segeberg
Tel.: 0 45 51/8 47 92, Fax: 0 45 51/8 17 97

Thüringer Reit- und Fahrverband e.V.
V.: Dr. Volker Schiele
G.: Regina Böttger
Anger 55
99084 Erfurt
Tel.: 0361/5 17 56 (LSB)
Tel./Fax: 0 36 61/33 05

Spezialverbände

Deutsches Olympiade-Komitee für Reiterei e.V. der Deutschen Reiterlichen Vereinigung (FN)
V.: Dieter Graf Landsberg-Velen
G.: Dr. Hanfried Haring
Freiherr-von-Langen-Str. 15
48231 Warendorf
Tel.: 0 25 81/63 62 02

Deutscher Reiter- und Fahrerverband e.V.
V.: Wolfgang Brinkmann
G.: Hilarius Simons
Roonstr. 54
33615 Bielefeld
Tel.: 05 21/12 31 37

Deutsche Richtervereinigung für Pferdeleistungsprüfungen e.V.
V.: Dr. Joachim Bösche
G.: Johannes Wallmeier
Freiherr-von-Langen-Str. 13
48231 Warendorf
Tel.: 0 25 81/6 36 21 45

Island-Pferde-, Reiter- und Züchterverband e.V. (IPZV)
V.: Prof. Dr. Güldner
Tannenwaldallee 49
61348 Bad Homburg
Tel.: 0 61 72/3 39 95 oder 3 50 41

Verein Deutscher Distanzreiter e.V. (VDD)
P.: Annerose Grimme
G.: Horst Müller
Baumschule 4-6
49577 Ankum
Tel.: 0 54 62/4 23

Kuratorium für Therapeutisches Reiten e.V. (KThR)
V.: Dr. Ingrid Strauss
G.: Thomas Ungruhe
Freiherr-von-Langen-Str. 13
48231 Warendorf
Tel.: 0 25 81/6 36 21 95

Deutscher Akademischer Reiterverband e.V. (DAR)
V.: Dr. Volker Moritz
G.: Peter Jennissen
Krappmühlstr. 5
68165 Mannheim
Tel.: 06 21/44 84 81

Erste Western Reiterunion
Wallenbrücker Str. 24
49328 Melle
Tel.: 0 52 26/1 76 06

Glossar

Abgedreht: Ein Pferd, das insgesamt runde und abgeschlossene Körperformen aufweist

Abstammungsnachweis: Ein vom Züchterverband ausgestelltes Dokument, in dem Abstammung, Geburtsdatum, Geschlecht, Farben und Abzeichen sowie der Züchter und jeder Besitzerwechsel eingetragen sind (vergleichbar einem Kfz-Brief)

Abzeichen: Unveränderliche weiße Haarstellen an Kopf und Beinen, die das Pferd von Geburt an hat. Sie dienen als Erkennungszeichen und werden im Abstammungsnachweis eingetragen

Anlehnung: Federnde und weiche Verbindung des Pferdemauls über die Zügel zur Reiterhand

Ausbinder: Hilfszügel, die von den Trensenringen am Pferdemaul beidseitig zum Longier- oder Sattelgurt reichen. A. sollten die → Anlehnung an die Reiterhand ersetzen

Auseinanderfallen: Verlust der versammelten Haltung des Pferdes (→ Versammlung)

Brandzeichen: Ursprünglich: Markieren des Pferdes durch den Besitzer, um in der Herde fremde von den eigenen Tieren unterscheiden zu können. Heute: Zusammen mit den Abstammungspapieren die Garantie für eine bestimmte Zuchtrichtung. Dabei wird in der Regel ein glühendes Eisen (jede Zuchtrichtung hat eine andere Form des Brenneisens) dem Pferd entweder am Hals, in die Sattellage oder Hinterhand kurz eingebrannt

Dressurviereck: In ihren Abmessungen festgelegte Reitbahn (entweder 20 x 40 m oder 20 x 60 m) zur Ausübung des Dressursports

Gangart: Art der Fortbewegung des Pferdes. Man unterscheidet 3 → Grundgangarten und etwa 10 Variationen, die aber nur wenige, speziell ausgebildete Pferde beherrschen

Grundgangarten: Schritt, Trab und Galopp bezeichnet man als Grundgangarten, die jedes Pferd beherrschen sollte. Nicht zu den Grundgangarten gehören Variationen wie zum Beispiel Tölt oder Paßgang, zwei Gangarten, die viele Islandpferde beherrschen

Hilfen: Möglichkeiten des Reiters, seinen Willen zum Beispiel über Zügel, Schenkel, Kreuz und Stimme auf das Pferd zu übertragen

Hinterhand: Der Bereich Hüfte, Ober- und Unterschenkel und Huf

Hufkratzer: Gerät zum Reinigen der Hufe

Innen- und Außenseite des Pferdes: Die Innenseite ist jeweils die Seite, in die das Pferd gebogen oder gestellt ist. Die Gegenseite ist dann die Außenseite

Kardätsche: Bürste zur Entfernung des mit dem → Striegel aus dem Fell gelösten Schmutzes

Korrekt gestellte Gliedmaßen: Gerade Stellung der Vorder- und Hintergliedmaßen von vorn und von der Seite gesehen. Abweichungen werden Stellungsfehler genannt, die zur Überlastung oder zur schnellen Abnutzung einzelner Knochenpartien führen können

Leichter Sitz: Begriff aus dem Springsport. Der Reiter plaziert sein Gewicht in Schulterhöhe des Pferdes und ermöglicht von daher in besonderem Maße die Aufwärtsimpulse während des Sprungs

Leichttraben: Der Trab ist ein Zweitakt, wobei ein Vorder- und der entgegengesetzte Hinterhuf des Pferdes fast gleichzeitig auftreten. Beim L. hebt sich der Reiter, bei etwas vorgeneigtem Oberkörper und ausgetretenen Bügeln, geschmeidig aus dem Sattel und weicht jedem 2. Stoß der Trabbewegung aus

Lösende Lektionen: Lockerungsübungen; Aufgabenteile der Dressur zur gymnastischen Aufwärmung des Pferdes

Martingal: Zweigeteilter Riemen, der zwischen Sattelgurt und Trensenring angebracht, das zu heftige Schlagen oder Hochnehmen des Pferdekopfes einschränkt

Mittelhand: Teil des Pferdes unter dem Reiter

Nervige Pferde: Sehr temperamentvolle, mutige und leistungsfähige Pferde

Pferdepaß: Vorwiegend für Turnierpferde erforderlicher Ausweis, der über Abstammung, Geschlecht, Geburtsdatum, Farbe und Abzeichen sowie alle notwendigen Impfungen und Untersuchungen Auskunft gibt

Pferdeschläge: Vollblüter, Warmblüter, Kaltblüter und Ponys

Rahmen: Proportionen des Pferdekörpers im Verhältnis zueinander, zum Beispiel das Verhältnis von Länge zur Breite oder Vorhand zur Hinterhand

Reiterpaß: Der sogenannte »Führerschein für Freizeitreiter«. Innerhalb einer Sonderprüfung müssen Teilprüfungen absolviert werden: 1. Praktisches Reiten im Gelände in den 3 Grundgangarten, wobei geprüft werden soll, ob der Reiter in der Lage ist, sein Pferd in jeder möglichen Situation zu beherrschen. 2. Der theoretische Teil verlangt Kenntnisse der Reitlehre, Pferdehaltung und -fütterung, Ausrüstung von Pferd und Reiter, Rechtsvorschriften sowie das Verhalten bei Unfällen oder Krankheiten

Rittigkeit: Das Ergebnis einer guten Ausbildung. Das Pferd arbeitet mit, akzeptiert willig die Hilfen des Reiters und führt die verlangten Aufgaben scheinbar mühelos aus

Sattel: Aus Leder bestehende Sitzvorrichtung für den Reiter auf dem Pferderücken

Sattellage: Die Stelle, wo der Sattel auf dem Rücken des Pferdes liegt. Sie befindet sich hinter dem → Widerrist und vor der Kruppe im tiefsten Punkt des Rückens

Stallgasse: Gasse von mindestens 2 Metern Breite zwischen den Boxen im Stall

Stallhalfter: Spezielle Halfter ohne Gebißstück, das zum Anbinden von Pferden benutzt wird

Stockmaß: Es handelt sich hierbei um eine etwa 2 m lange Latte (Stock), an der rechtwinklig ein verschiebbares Querholz angebracht ist. Die Latte wird neben dem Pferd auf den Boden gestellt und das Querholz auf den höchsten Punkt des Widerrists aufgelegt. So wird die Größe eines Pferdes ermittelt

Striegel: Instrument zum Lösen des Schmutzes im Pferdefell, aus Gummi, Eisen oder Plastik

Trense: Kopfzeug des Pferdes, bestehend aus einem Kopfstück, zwei verstellbaren Backenstücken, einem Stirn- und einem Kehlriemen und den Trensenzügeln

Trocken: Knochen des Kopfes und der Gliedmaßen bezeichnet man als trocken, wenn sie sich klar unter der Haut abzeichnen, d.h. nicht von weichen Fettpolstern verdeckt werden

Übergänge: Wechsel von einer Gangart in die andere

Versammlung: Von einem »versammelten« Pferd spricht man, wenn es bei korrekter Haltung von Kopf und Hals gut am Zügel steht. Die → Hinterhand muß in diesem Fall stark untertreten, so daß das Pferd sein Gewicht vermehrt auf die Hinterhand verlagert und die → Vorderhand entlastet wird

Vorhand: Die Körperteile des Pferdes, die vor der Reiterhand liegen, also Kopf, Hals, Widerrist, Brust und Vorderbeine

Wallach: Ein männliches, kastriertes Pferd. Unkastrierte, männliche Pferde nennt man Hengste

Widerrist: Höchster Punkt des Pferderückens; er wird durch die Dornfortsätze der ersten Brustwirbel gebildet

Zäumung: Die komplette → Trense mit Reithalfter und Gebiß

Register